Del bar a la cama

Del bar a la cama

ASKMEN.COM

Del bar a la cama

Del bar a la cama

ASKMEN.COM
JAMES BASSIL (EDITOR)

EDICIONES B
GRUPO ZETA

Barcelona • Bogotá • Buenos Aires • Caracas • Madrid • México D.F. • Montevideo • Quito • Santiago de Chile

Título original: *From the Bar to the Bedroom*

Traducción: Irene Saslavsky

1.ª edición: febrero 2008

© 2006 by AskMen.com
© Ediciones B, S. A., 2007
    Bailén, 84 - 08009 Barcelona (España)
    www.edicionesb.com
    www.edicionesb.com.mx

Publicado por acuerdo con HarperCollins Publishers, Inc.

ISBN: 978-84-666-3436-6

Impreso por Quebecor World.

ÍNDICE

REGLA 4: ADAPTARSE AL ENTORNO

REGLA 5: SITUAR LA ESCENA

REGLA 6: LO PRIMERO ES EL JUEGO ERÓTICO

REGLA 7: LAS DAMAS PRIMERO

REGLA 8: EMPLAZAMIENTO

LISTA DE ILUSTRACIONES

PRÓLOGO

Desde 1999, AskMen.com se ha dedicado a aconsejar a los hombres acerca de una serie de temas cada vez más amplios, desde cómo vestirse y celebrar reuniones de negocios hasta cómo aprovisionar la nevera. Las tendencias han ido cambiando y con ellas las preguntas de nuestros lectores: durante el período *metrosexual* de principios de este siglo, el mayor problema era encontrar un buen tónico facial. Hoy eso casi no tiene importancia.

Claro que algunos problemas masculinos están presentes invariablemente, y en esa lista de preguntas la cuestión de cómo tener éxito con las mujeres siempre ha ocupado uno de los primeros puestos. No se trata de que los hombres piensen más en el sexo y en salir con mujeres que en su salud, su vida social o sus profesiones. Sin embargo, es probable que esté muy relacionado con el hecho de que a nosotros nos disgusta revelar nuestra ignorancia respecto a cómo ligar. Al contrario, solemos alardear de nuestras conquistas incluso mientras nos preguntamos qué hacer para conquistar a una mujer.

Algunos hombres reaccionan a esta confusión lamentándose de su causa: ¿por qué he de ser yo quien la aborde y la seduzca? ¿Por qué no es ella quien me invita a salir? Otros reconocen que, aunque sea injusto, todavía se espera que nosotros les hagamos la corte, y eso no tiene miras de cambiar a medio plazo. Así que en vez de quedarse esperando a que cambien los roles, se dedican a aprender y mejorar sus aptitudes, y lo hacen uniéndose a los millones de hombres que leen los consejos proporcionados por AskMen.com, y leyendo libros como éste.

Has elegido la herramienta idónea para mejorar tus aptitudes. En este libro encontrarás once reglas fundamentales que habrás de respetar si quieres dominar el arte de conocer, seducir y dar placer a las mujeres. Para cuando llegues a la última página, te habrás convertido en un experto en el arte de aproximarte, hablarles y, en última instancia, seducirlas. Y no las defraudarás cuando por fin consigas llevarlas a tu picadero, puesto que ya habrás incorporado toda la información acerca de los juegos eróticos y las técnicas sexuales presentadas en la segunda parte de este libro.

Los placeres proporcionados por la seducción exitosa son grandes pero, como todo lo bueno de esta vida, no resultan baratos (y además suponen una responsabilidad: casi no hace falta decirlo, pero no te olvides de tomar precauciones). Ya has dado el primer paso para procurarte más placeres. Sigue leyendo: encontrarás algunos de los mejores consejos, trucos, informaciones y secretos para alcanzar el éxito ofrecidos por nuestro sitio web, Ask.men.com, acerca de uno de nuestros temas predilectos.

REGLA 1: CONFIANZA

ay un montón de especialistas y gurús dedicados a vender sus propias técnicas y estrategias para conquistar mujeres, pero mientras los consejos de estos expertos que compiten entre sí raras veces coinciden, existe un consenso casi unánime acerca de un aspecto esencial y necesario para tener éxito con las mujeres: la confianza. Ésta permite alcanzar acuerdos y desacuerdos, y si hay una regla fundamental en el juego del amor es que el primer paso hacia la intimidad con una mujer consiste en aproximarse a ella.

Cuando se trata de acercarse a las mujeres, resulta básico saber con qué te encontrarás: qué ocurrirá, por qué ocurre y cómo superar los obstáculos. El motivo principal por el que muchos hombres dejan de acercarse a las mujeres y hablarles es el temor a lo que pueda suceder, al posible rechazo. Claro que cuanto más sepas, mayor será tu confianza. Has de estar siempre preparado.

La verdad es que no puedes contar con que el destino o la casualidad te proporcionen encuentros románticos. Has de tener la suficiente confianza para abordar a una mujer, y si no la tienes, debes desarrollarla.

EMPLEA LA CONFIANZA PARA LIGAR CON CUALQUIER MUJER

En el juego de la seducción, la confianza es el arma principal de todos los hombres.

Sin embargo, es uno de los rasgos de carácter más difíciles de simular, y también uno de los más incomprendidos. En parte, la confianza resulta misteriosa porque la mayoría de los hombres no comprende su naturaleza. Algunos creen que han de demostrarla sólo a través de la acción, mientras que otros creen que se adquiere mediante las palabras, y aun otros que uno nace con ella. Se tiende a creer que es algo que siempre podemos controlar, pero la confianza depende de diversos factores, algunos de ellos absolutamente ajenos a nuestro control.

Si quieres adquirir confianza y conservarla de por vida, has de aprender a incorporar, controlar y equilibrar seis elementos clave de tu rutina cotidiana. En cuanto dejas de hacerlo, puedes recibir un comentario tan sencillo y demoledor como «No eres mi tipo».

La confianza genera más confianza y acabarás por incorporarla; entonces se convertirá en un rasgo natural de tu carácter, uno que siempre has tenido. Pero adquirirla requiere persistencia, fortaleza y paciencia. Empecemos por lo básico.

Seis elementos clave que te ayudarán a adquirir confianza

1. Estado de ánimo

El primer paso para convertirte en una persona confiada supone desarrollar una confianza interior a través de la introspección cotidiana. Ayúdate a ti mismo adoptando una filosofía que desarrolle tu confianza.

¿Qué significa eso? Si inventas ejercicios para aumentar tu confianza y los tienes presentes a toda hora, tu cuerpo reaccionará y expresará confianza, pero antes debes examinarte a ti mismo con honestidad, aprender a aprovechar tus virtudes y eliminar —o al menos minimizar— tus defectos. Por ejemplo, si consideras que tartamudear cuando estás nervioso es un defecto que aumenta tu falta de confianza, practica hablando con el mayor número de personas posible (de preferencia mujeres) hasta eliminar ese defecto.

Procura desarrollar hábitos personales que te proporcionen un estado de ánimo correcto y mantengan tu confianza bien engrasada. Intenta lo siguiente para mantenerte motivado:

Háblate a ti mismo: Por la mañana, antes de salir de casa, empieza por carraspear y decir «Buen día. Hoy tienes muy buen aspecto. Eres el número uno». Puede parecer ridículo y tal vez te sientas ridículo, y quizás al principio te rías de ti mismo, pero tu timidez desaparecerá a medida que sientas los efectos de esta técnica de reafirmación positiva.

Haz una lista de tus virtudes: Apunta diez rasgos de carácter que te vuelvan inestimable para cualquier mujer lo bastante afortunada como para merecer tu atención y tu tiempo. (Acostúmbrate a pensar en ti mismo de esta manera.)

Cambia tus puntos de vista negativos por otros positivos: Deja de deprimirte por ser un *single*. En vez de preocuparte, alégrate de tener la oportunidad de conocer a miles de mujeres de tu misma condición.

2. Aspecto físico

Tu aspecto físico juega un papel muy importante con respecto a tu nivel de confianza, y está más relacionado con cómo te sientes que con cómo te hacen sentir los demás. Recuerda las veces en que te esforzaste por tener buen aspecto y fuiste recompensado con miradas de aprobación en la calle. Ahora piensa en la confianza que te proporcionaron esas miradas, ¡e imagina el efecto de recibirlas todos los días!

Debes hacer ejercicio regularmente, mantener una dieta saludable y hacer todos los esfuerzos necesarios para ofrecerles a las mujeres lo que les gusta: un aspecto en forma, saludable, bien conservado y seductor.

3. La ropa

Es evidente que para tener un aspecto seductor tu guardarropa desempeña un papel importante. Viste bien: ese andar arrogante cuando tu atuendo es elegante no surge de la nada. Eso no significa convertir cada ocasión en una cena de gala; si vistes de manera informal, conserva la elegancia y ponte ropa que te favorezca. Hay muchas revistas y sitios web donde encontrarás ayuda para este empeño.

4. Talento para escuchar

Echa un vistazo en cualquier reunión social y verás que el hombre que más habla y en tono más alto rara vez es el más confiado. Al conversar con una mujer, es mejor racionar tus palabras y escucharla. Anímala a hablar y limítate a hacer preguntas abiertas (por ejemplo: no le preguntes cuál es su color favorito). Más información sobre este tema en el cap. 2.

Endosarle la parte más importante de la conversación a ella ocultará el nerviosismo que tal vez sientas y, asimismo, le ofrecerá la oportunidad de centrar la conversación sobre sí misma: así te asegurarás que la recuerde como algo agradable.

Cuando contestes, no es necesario que conviertas tu respuesta en un discurso. Durante el primer encuentro con una mujer tus respuestas han de ser breves y sencillas. Cuanto más hables, mayor será la posibilidad de decir una estupidez, algo que a su vez te pondrá nervioso, tu estado de ánimo se volverá negativo y tu confianza disminuirá, lo que te pondrá aún más nervioso y te hará tartamudear... ya me entiendes.

5. Aprende a encajar los golpes

Aunque hoy sientas confianza, eso no significa que la sentirás siempre, por no hablar de mañana. También puedes perderla, pero eso no supone que la pierdas para siempre.

Es importante que administres tus expectativas de manera realista. Si lo haces, te resultará más fácil recuperarte de los fracasos.

Es muy fácil pasar de la confianza extrema a la depresión total debido a un comentario cualquiera... sobre todo el de una mujer despampanante. Da igual quién seas: siempre estarás expuesto a que te rechacen. La clave consiste en no dejar que te afecte de manera desproporcionada. Lo genial del ligoteo es que siempre habrá otra oportunidad: ahí fuera no escasean las mujeres, así que si te rechazan, pasa página y dedícate a la próxima.

6. Prácticas de campo

No cabe duda de que si mejoras tus talentos sociales, tu confianza aumentará. Hay una estrategia a largo plazo para lograrlo: consiste en sonreírle a cinco personas todos los días... y no te limites a las mujeres guapas. Después también puedes añadir un «Hola» amistoso. Acostúmbrate a mostrarte más simpático tanto con las mujeres como con los hombres, y haz caso omiso de su aspecto.

OCÚPATE DE LO MÁS IMPORTANTE

■ Es importante comprender que el factor sobre el que tienes mayor control eres tú mismo. Si pones todo el énfasis en las mujeres sólo conseguirás inventarte excusas acerca de tus interacciones. Hazte amo de tu conducta.

■ La confianza en ti mismo proviene de tu interior. Ponte derecho, no farfulles, habla con claridad. Presenta un aspecto confiado. Si crees que eres el mejor te convertirás en el mejor, y entonces las mujeres también creerán que lo eres.

Tras acostumbrarte a sonreír y saludar a las personas, empezarás a sentir la suficiente confianza para hablar de cosas triviales con extraños en los ascensores o en las colas. Antes de que te des cuenta, podrás charlar con cualquier mujer que se te cruce en el camino.

Una vez te hayas dedicado a charlar de cosas triviales durante un tiempo, descubrirás algo extraño: ¡la confianza pasará a formar parte de tu persona! De modo que sigue así y si alguna vez te topas con una persona poco sociable que hace caso omiso de ti, recuerda el elemento 5: (Aprende a encajar los golpes) y no te preocupes.

Confiado *versus* Fanfarrón

Antes de correr a la calle para alardear de tu recién descubierta seguridad en ti mismo, ten en cuenta que la línea que separa la confianza de la fanfarronería es muy delgada. Asegúrate de conocer la diferencia y sé lo bastante listo para evitar la segunda.

■ Al contemplarte en el espejo, trata de verte como te vería una mujer que se siente atraída por ti. No hagas hincapié en lo negativo, como el acné o las entradas del cabello. Si ella se siente atraída, no está mirando eso. En cambio, has de concentrarte en los cumplidos que las mujeres te han hecho en el pasado y centrarte en éstos.

■ Haz lo mismo con respecto a tu personalidad. ¿Qué aspectos han provocado los cumplidos de las mujeres, o al menos frente a cuáles reaccionaron de manera positiva? Si te ayuda —y quizá lo haga—, anótalos. Cuando lo veas escrito te parecerá más concreto y menos dudoso.

La diferencia entre la confianza y la fanfarronería reside en el impulso que mueve a cada una. Si eres de naturaleza confiada, se notará. Sin embargo, si tratas de simularla artificialmente, alardeando de coche, empleo o de tu capacidad amatoria, parecerás un fanfarrón.

Ten presente que mediante la fanfarronería conseguirás exactamente lo contrario que con la confianza, porque las mujeres aborrecen las chulerías.

SIEMPRE HAS DE ESTAR PREPARADO PARA EL SEXO

Ya nos hemos referido a la idea de que el aspecto genera confianza. Volvamos a examinarla con más detalle.

Hasta cierto punto, el aspecto implica una profecía que acarrea su propio cumplimiento: vístete de manera atractiva y te sentirás un hombre atractivo. Supone la misma lógica que subyace al arte de ligar: cuando estás física y mentalmente preparado para un encuentro romántico, descubrirás que éstos ocurren con mayor facilidad.

Claro que un buen aspecto no sólo es una herramienta para aumentar tu confianza. Hay mujeres que te miran, y tú quieres que lo que vean les agrade. Que las mujeres siempre tendrán más pretendientes que los hombres sigue siendo un hecho y por eso ellas pueden ser más selectivas que nosotros, así que es muy importante que te prepares para resultar elegido.

Ahí fuera la competencia es feroz y quienes consiguen ligar con una mujer son los que saben lo que ella quiere y se lo proporcionan. Y una cosa fundamental que siempre quieren todas es un hombre aseado.

I. Acicalarse

Aunque a las mujeres les desagrade reconocerlo, antes que nada se fijan en el aspecto exterior de un hombre. Así que el primer paso para seducir a una mujer consiste en presentar una imagen atractiva.

Consejos:

Vestimenta: Cada hombre tiene un estilo único y propio, pero hay ciertos detalles que se aplican a cualquier guardarropa. Tu ropa debe estar limpia, tanto la que se ve como la interior. Debe estar intacta y sin arrugas, y ha de ser adecuada a tu físico. Armar un guardarropa que encaje con tu tipo de cuerpo no es sencillo; requerirá tiempo y muchos ensayos. Una vez más, tu mejor punto de partida es estar al tanto de la moda.

Pelos: Una vez a la semana, elimina cualquier pelo antiestético de tu nariz, orejas y cejas mediante tijeras o pinzas.

Cabello: Asegúrate de que tu peinado sea actual y no desentone con tu ropa ni tu edad. Asegúrate de que no esté grasiento ni tenga caspa. Y si te estás quedando calvo, ni se te ocurra caer en la trampa de tratar de disimularlo peinándote de costado.

Dientes: Cepíllate los dientes por la mañana y por la noche, usa hilo dental antes de acostarte y visita al dentista cada seis meses para una limpieza. Unos dientes blancos y limpios indican buena salud. Un aliento fresco indica higiene y te ayudará a alternar con las señoras.

Piel: A las mujeres les disgusta un cutis grasiento y con acné. Elimina la grasa de tu piel con regularidad y lávate la cara antes de acostarte. Una crema humectante mantendrá tu piel lisa y suave: tal vez parezca poco varonil, pero las mujeres adoran a los hombres de cutis suave.

Vello facial: Aunque parezca injusto, muchos creen que un hombre con barba oculta algo. Aféitate todos los días, sobre todo antes de una cita. Sin embargo, hay hombres a quienes una barba les sienta mejor que un rostro afeitado; si fuera tu caso, entonces mantenla bien recortada y, por amor de Dios, libre de restos de comida.

Olor: Si te desnudas ante una mujer guapa, ella percibirá tu olor corporal. Debes controlarlo: no es ningún secreto que a las mujeres les encantan los aromas limpios. Dúchate todos los días, usa desodorante y ponte un poco de colonia (no exageres: la idea es oler bien, no llamar la atención innecesariamente).

II. Preparación mental

Tienes buen aspecto y te has asegurado de que ella no se encontrará con imperfecciones u olores desagradables. Tu aspecto perfectamente acicalado mejorará tu estado de ánimo, pero deberás dar otros pasos para adquirir una actitud realmente ganadora.

Consejos para prepararte:

Encanto: El encanto no es una característica única fácil de adoptar; tal vez sea mejor definirlo como una serie de rasgos que funcionan juntos y generan un atractivo intangible pero irresistible. Es tan difícil adoptarlo como definirlo, aunque puedes tomar medidas para proyectarlo de un modo muy concreto. Éstos son algunos puntos a tener en cuenta:

■ El contacto visual es el aliado del encanto. Siempre has de mirar a los ojos de una mujer cuando hablas con ella.

■ Hazle cumplidos. Resulta relativamente fácil: limítate a pensar en lo que te haría sentir agradecido y haz lo mismo con los demás. Y asegúrate de que tu cumplido siempre sea sincero. La diferencia entre el encanto y la adulación es que ésta tiene otros fines (yo te adulo para que me des lo que quiero). Más que un modo de conseguir algo, el encanto es una manera de ser.

Humor: La risa es la mejor manera de romper el hielo cuando intentas hablarle a una mujer. A muchas les encanta el sentido del humor. Una actitud positiva y simpática frente a la vida te ayudará a ser feliz y te convertirá en una persona agradable.

Inteligencia: A las mujeres les gusta saber que tienes algo más que un par de huevos entre las piernas y un vacío entre las orejas. Por eso es importante que tengas una buena cultura general. Has de estar al día acerca de la actualidad y hacer el esfuerzo de leer libros sobre diversos temas, uno al mes como mínimo.

CÓMO LIGAR SEGÚN TU ASPECTO

Ciertas medidas independientes pueden resultar muy prácticas para infundirte confianza. No obstante, a lo mejor crees que tu confianza se ve limitada por algo que no controlas: tu aspecto.

¿Tienes la nariz grande, un poco de barriga, un pene de tamaño menor que la media? Recuerda que las mujeres adjudican bastante menos importancia al aspecto físico de un hombre que el que ellos adjudican al de ellas. De hecho, los atributos como el aspecto suelen ocupar un puesto de menor importancia que la confianza, el sentido del humor y la compasión cuando se trata de los hombres elegidos por las mujeres.

Dicho lo cual, tal vez los defectos físicos afecten tu psiquis y te inhiban, aunque no deberían hacerlo. Has de contrarrestarlos demostrándote a ti mismo que no tienen por qué afectar tu porcentaje de éxitos.

No puedes dirigirte directamente a la mujer más guapa de la sala y ponerte manos a la obra. El rechazo escuece y te vuelve aún más tímido que al comienzo de la noche. No: antes de abordar a cualquier mujer has de practicar tu técnica y aumentar tu nivel de confianza si quieres asegurarte de que no sólo te irás con ella esa noche, sino que además pronunciará tu nombre en voz alta y tan a menudo que nunca lo olvidará (más adelante te diremos cómo lograrlo).

Sigue leyendo para descubrir el nivel de tu atractivo físico, cómo ligar según éste y modificar tus demás rasgos de carácter para poder acercarte a esas intimidantes mujeres de bandera a las que aspiras conquistar.

Y nunca olvides que, tengas el aspecto que tengas, la regla número uno es la confianza.

Empieza por tu propio nivel

Recuerda que una mujer excepcional puede elegir.

Es probable que cuatro o cinco veces al día los hombres intenten ligar con una mujer guapa, exitosa e inteligente —una 9 o una 10 en la escala del atractivo— de manera directa o como flirteo inocente durante una conversación. Eso supone mucha competencia. Y una mujer abordada con tanta frecuencia no dispondrá de tiempo suficiente para estar con muchos de esos pretendientes (o con ninguno), incluso si quisiera. No dispone del tiempo ni de la energía, así que debe elegir con rapidez y basada en una información muy escasa: una situación que te destrozará los nervios.

Has de aceptar que en el juego de las citas, la gente no deja de encender semáforos internos rojos o verdes, según la interacción existente. Demonios, tú también lo haces, ¿verdad? Así que para obtener una reafirmación positiva, muy importante en el caso de conseguir una cita —donde lo que se juzga es quién eres—, debes empezar por aproximarte a alguien de un atractivo similar al tuyo. Le encantará que le prestes atención y te hará caso (también de noche); además supondrá otras oportunidades para establecer una interacción exitosa.

Si te consideras un 5, para empezar intenta conquistar una 5. Aunque creas que eres un 1, un 2, un 3 o un 4, debes empezar por alguien que creas que es un 5. Un hombre debe sentirse motivado, ¿no? Es probable que con una chica tan guapa como tú, o un poco más guapa, no te sientas tan nervioso, porque ella será menos selectiva y te dará más libertad de acción.

Aumenta tu confianza

Poco a poco, descubrirás que hablarles a las mujeres no es tan intimidante como creías. Perfecciona tu técnica de ligue con las mujeres 5 antes de buscar nuevos horizontes. Si una mujer 5 te rechaza, tranquilo: pasa a la siguiente 5, y después a la siguiente (tal vez hayas notado que ahí fuera hay montones de mujeres 5 con las que puedes practicar), hasta que logres cambiar de técnica y perfeccionarla.

Llevarlas a la cama

Tus prácticas con las 5 no acaban con el ligue. No fanfarronees, pero tampoco pierdas la confianza que te ayudó a llevarla a la cama una vez que ambos estéis entre las sábanas. Cuando hayas logrado seducir a una 5, en la cama tómate tu tiempo. Aprovecha la oportunidad para experimentar; podrás poner en práctica todo tipo de cosas y afinar tu técnica con una mujer encantada de recibir tus atenciones.

Ten varios encuentros con tus parejas medianamente guapas. Aprenderás mucho sobre las técnicas sexuales generales una vez que te hayas acostumbrado a los puntos sensibles de una mujer (todas son un poco diferentes). Cuando ella se sienta cómoda contigo y por lo tanto menos inhibida, te dirá lo que le gusta (puedes y debes preguntárselo): es la munición sexual más útil que recibirás y servirá para aumentar tu confianza en futuras conquistas.

Para suscitar este tipo de respuestas, no hagas preguntas generales como «¿Qué tal lo estoy haciendo?» o «¿Te gusta esto?»: transmite inseguridad, como si necesitaras que te hagan cumplidos. Es mejor ser específico y no hacer hincapié en tu persona, lo que desde la perspectiva de ella elimina tu ego de la ecuación. Por ejemplo: «¿Prefieres que te acaricie el clítoris así... o así?», o «¿Qué posición te resulta más cómoda... ésta o esta otra?». A lo mejor no elige ninguna de ambas opciones, pero habrás abierto la puerta para que te diga qué le gusta de verdad.

Cuando domines esa técnica, podrás diversificar y cambiarla un poco, según lo que le haya gustado a tus otras amantes y lo que te guste a ti. A menudo acabarás por enseñarle algo. Además, formular preguntas hace que el sexo se vuelva más físicamente estimulante y le demuestra que tienes en cuenta lo que le gusta, algo que supone ganar muchos puntos y te proporciona citas futuras para seguir practicando aún más.

Subir de rango

Ahora que has seducido y conquistado mujeres de tu propio nivel y mejorado tu técnica, ha llegado la hora de subir de nivel hasta una mujer 7 u 8. Vuelve a iniciar todo el proceso; quizás esta vez te lleve menos tiempo puesto que tu confianza ha aumentado notablemente y te habrás vuelto más atractivo para las damas. A lo mejor escalas posiciones con rapidez, pero no apuntes demasiado alto: podrías arriesgarte a sufrir una caída.

Ten en cuenta que si estás satisfecho con alguien tan físicamente atractivo como tú, o incluso menos, sigue adelante. A veces las 5 son más apasionadas en la cama y te impresionarán intelectualmente: no existe una correlación entre el aspecto y la inteligencia. ¿Y entre el aspecto y la actitud? Sí, indudablemente. En general, las mujeres promedio tienen los pies más apoyados en la tierra, pero si lo que quieres es ligar con mujeres 10 —al menos para saber cómo son durante una temporada—, sigue avanzando por ese camino.

Es innecesario que busques pruebas de tu mayor confianza, porque la percibirás claramente. Y aún más importante: tu mayor seguridad en ti mismo se revelará en tus actividades cotidianas y todos, tanto tus amigos y tus colegas profesionales como tus objetivos románticos, lo notarán.

Sin embargo, aunque las recompensas proporcionadas

por la confianza no se limitan al ligoteo, este libro sí se centra en él, así que no perdamos de vista nuestras metas. Ya has adquirido la confianza necesaria para acercarte a las mujeres; es hora de encarar lo que harás —o más bien lo que dirás— cuando te encuentres cara a cara con una de ellas.

REGLA 2: LA CONVERSACIÓN

Has optimizado tu sensación de confianza y te has acostumbrado a aproximarte a perfectas extrañas con la idea de entablar conversación. También has aprendido que escuchar es una herramienta muy útil, pero eso no significa que debas permanecer en silencio. Cuando abras la boca, ¿qué debes hacer para superar el resto de tu nerviosismo y evitar parecer un idiota que balbucea?

La respuesta es sencilla: practicar. Cuanto más hables

con las mujeres, y aún más importante, las escuches, tanto más natural resultarás si te pillan desprevenido y tanto más fácil te resultará orientar la conversación (y el encuentro) en la dirección más satisfactoria posible.

CÓMO HABLAR DE COSAS TRIVIALES

Olvida mantener toda una conversación con alguien; si la idea de hablar de cosas triviales, ya sea durante una cita, con un colega o con un extraño, te hace sudar las manos evita estrecharles la mano, cueste lo que cueste. No eres el único: incluso los conversadores experimentados temen la evidente artificialidad de hablar de trivialidades.

Sin embargo, pese a lo artificial que pueda parecer, es un mal necesario, ya que después de todo has de hablar de algo, ¿verdad? Y las cosas triviales pueden conducir a otras importantes: una cita, una oportunidad y otras cosas positivas en general. Así que la próxima vez que deseches la oportunidad de hablar de trivialidades, piensa que también estás eliminando otras posibilidades.

Si aplicas estos consejos, hablar de trivialidades con una mujer ya no será como ir al dentista y lo harás de un modo más eficaz, es decir, orientado a un diálogo más sustancial.

Haz un montón de preguntas

Hacer preguntas supone una buena base para conversar, te ayuda a conocer a la mujer con la que estás hablando y le proporciona la oportunidad de hablar de sí misma, algo que adoran todas las mujeres. Pero no lances cualquier pregunta; preguntarle cuál es su color favorito no dice nada positivo sobre tu capacidad mental ni abre la puerta a un diálogo más extenso. Tu pregunta debería allanar el terreno para prolongar la conversación, ya sea en forma de debate (juguetón y alegre, por supuesto), en forma de más preguntas o ampliándose y abarcando otros temas.

Las preguntas también demuestran un auténtico interés por ella, a condición de que demuestres que también escuchas sus respuestas (tal vez ella te pregunte al respecto más adelante).

Hablar de temas casuales

Los temas de conversación para una primera cita podrían ocupar un grueso volumen, pero en resumen, habla de temas interesantes y evita la filosofía, el sexo o lo personal. No hables de su trabajo: podría suscitar connotaciones negativas, y recurrir a tópicos y clichés indica falta de imaginación. Y lanzarte a hablar de su familia o la tuya puede parecer demasiado atrevido o personal.

No te equivocarás si te limitas a los temas casuales; habla de la música y aprovecha el entorno para relatar una anécdota graciosa. Haz un comentario acerca de tu copa y lo buena que está, y dile cómo se prepara (lo habrás averiguado con antelación). Comenta tu situación en términos generales y orienta este punto de partida tópico hacia uno más específico.

Aviva la charla

Introduce un comentario al azar; la mujer acostumbrada a ser cortejada disfrutará con algo inesperado. No es necesario que sea controvertido ni completamente abstruso para ser «al azar» (no querrás que te mande a paseo por considerar que estás chiflado). Señala algo llamativo del entorno o pregúntale su opinión sobre un tema que tal vez parezca tangencial, pero que podrás orientar hacia una discusión más significativa. Otra posibilidad consiste en manifestar tu punto de vista personal acerca de un tema general, induciéndola a manifestar el suyo y llevar la discusión a otro nivel. A condición de evitar cualquier tema demasiado personal o controvertido, y de saber qué preguntas plantear, te convertirás en un excelente conversador.

P: ¿Cuál es el protocolo telefónico? ¿Cuántas veces debo llamar antes de dejar un mensaje? ¿Y cuántas antes de abandonar definitivamente?

R: Nunca dejes un mensaje en tu primera llamada. Te pillará desprevenido, no sabrás qué decir y tu voz te delatará. Considérala tu llamada de aquel día y reserva la segunda —y última— para el día siguiente.

Si el contestador salta durante tu segundo intento, te enfrentarás a un problema: qué decir. Dentro de lo posible, tu mensaje debe ser breve y preciso. Cuanto más tiempo hables, tanto mayor será la probabilidad de que te pongas nervioso. Deja un mensaje sencillo y amable con tu nombre y tu número de teléfono y cuelga.

Teóricamente, debería llamarte al día siguiente o al otro, pero no te preocupes si no lo hace. Podría estar de viaje, agobiada de trabajo o metida en alguna crisis personal o familiar.

Si tras cuatro días no te ha llamado, o bien no está interesada o está atrapada en el fondo de un pozo. En todo caso, lo mejor es pasar página.

EL LIGUE: TEMAS DE CONVERSACIÓN BUENOS Y MALOS

No puedes disfrutar de una conversación con una mujer guapa sin iniciarla, y no puedes iniciarla sin acercarte a ella. Si crees oportuno esperar a que sea ella quien se acerque, estás equivocado, y no porque eso nunca ocurra sino porque abordarla te incumbe a ti, que eres el hombre. Es inútil discutir si es justo o injusto: es así y punto.

¿Cómo arreglártelas para atravesar ese abismo intimidante que te separa de la mujer que te interesa? La clave consiste en ser rápido, firme y decidido. No te quedes pensando: hacerlo sólo te hará dudar y reducirá tu confianza, y si ella te ve merodeando por los rincones y mirándola nerviosamente, tus posibilidades de conquistarla disminuirán y quizá se largue sin más.

Así que entra en acción. Una vez que has decidido acercarte, ponte en marcha. Adopta un porte erguido, saca pecho, inspira hondo y deja fluir esa confianza que has desarrollado. Mírala fijamente, ponte a su lado e inicia el diálogo.

Desde muchos puntos de vista, ligar con una mujer es un juego de azar: las posibilidades de tener éxito suelen ser menores que las de fracasar. Ésa es la simple realidad, pero no debería impedir que persistas. Mas tampoco debes usar el «juego de azar» como excusa. Si las mujeres que deberían estar dispuestas —por ejemplo, esas emperifolladas y de aspecto solitario en un bar o una discoteca— te rechazan de manera sistemática, es hora de que comprendas que no se trata de ellas sino de ti. Estás haciendo algo mal, y de paso pierdes el tiempo y menoscabas tu ego. Sabemos que el problema no reside en tu confianza, tu aspecto o tu talento para dialogar de trivialidades (¿verdad?); lo que has de revisar son las palabras que empleas para el ligue.

En realidad, una conversación cuya meta es ligar tiene dos aspectos diferentes e importantes, a saber:

1. El cómo
2. El qué

El cómo

La mayoría de los hombres quieren saber «de qué hablar con las mujeres». Bueno, lo único sensato es hablarles de temas que les interesen, ¿no? Obviamente no las conquistarás hablando de estadísticas o taladradoras.

Pero en realidad lo más importante es que hables de manera correcta, cualquiera que sea el tema. En otras palabras, si no sabes mantener una conversación atractiva, entonces dará igual de qué hablas. No despertarás su interés, así que por más que lo intentes, ella no se sentirá atraída por ti.

Por ejemplo: digamos que un amigo de la mujer que te quieres ligar te cuenta que a ella le apasiona el medio ambiente. Entonces empiezas un diálogo acerca de ese tema: que nadie le presta la suficiente atención, que el planeta se está deteriorando, etc.

Si aprietas las teclas correctas, debería funcionar. Pero si lo encaras de manera incorrecta, no la miras a los ojos, no bromeas y no la escuchas, etc., ¿qué ocurrirá? Pues que no te hará ni caso.

El cómo de una conversación para ligar incluye (pero no se limita a) lo siguiente:

■ Utiliza lenguaje corporal: demuestra confianza, siéntate o permanece de pie con la espalda derecha y adopta un aire relajado.

■ Mírala a los ojos: sobre todo al hablar y especialmente al escuchar.

■ Dirígete a ella de un modo que comunique claramente que no necesitas gustarle u obtener su aprobación. Hazla reír, pero después pasa rápidamente a otro tema en vez de regodearte por haberla hecho reír. Si consigues que una mujer se ría sin buscar su aprobación, lograrás despertar su interés.

Resumiendo: si se generan muchos silencios embarazosos, nerviosismo u otros desafíos normales para cualquier novato, quizá debas aprender a manejar el Cómo antes que el Qué.

CONSEJOS PARA FLIRTEAR

■ No te pongas pesado: puedes hablar de temas serios pero de vez en cuando has de darle un giro positivo a la cuestión para mostrar que no eres un depresivo.

■ Usa el humor: eso no significa que te limites a hacerte el gracioso todo el tiempo, como un payaso, pero ten en cuenta que las mujeres le dan mucha importancia a la capacidad de un hombre para hacerlas reír.

■ Dirige la conversación: no la monopolices; introduce nuevos temas en vez de dejar que ella te arrastre como si estuvieras practicando esquí acuático. Puede que a las esposas les guste sentir que controlan a sus maridos, pero eso no se aplica a los ligues.

■ No te pases con los cumplios: has de saber utilizarlos con mesura.

■ Sé comunicativo: tienes que estar dispuesto a mantener una conversación superficial sobre temas corrientes, y ser capaz de ello.

■ No busques su aprobación: esto es muy importante. Ya sea para una noche o para una relación más larga, a las mujeres les gustan los hombres que suponen un desafío. Los de carácter necesitado y débil no resultan atractivos y, además, las mujeres prefieren dar caza a una presa difícil... igual que los hombres.

El qué

¿Cuáles son los temas indicados para charlar con las mujeres?

Piensa en lo siguiente: ¿cuáles son los temas por los cuales las mujeres están dispuestas a pagar? En otras palabras, ¿cuáles son los temas que predominan en los medios dirigidos al público femenino, tales como las revistas del corazón, las novelas románticas y los culebrones? Por los motivos que sean, las mujeres tienden a adorar:

- Los dramas
- Los conflictos
- Los idilios
- Los famosos y sus vidas
- La psicología

Debes familiarizarte con estos temas para poder charlar acerca de ellos de manera interesante. Hoy en día hay tantos programas de información-entretenimiento que habrías de hacer un esfuerzo especial para evitarlos.

Si antes de salir dedicas unos minutos a visionar algún programa de noticias del corazón, y luego mientras esperas lees los titulares de las revistas y ojeas algún artículo de prensa acerca de un incendio trágico, una detención escabrosa o una dramática historia personal, ya estarás preparado.

Por otra parte, será inútil hablar de estos asuntos si eres incapaz de mantener una conversación al respecto, porque entonces tu estrategia de resultar interesante quedará al descubierto, y eso resulta negativo.

Durante la conversación procura averiguar a qué se dedica. Si es abogada, por ejemplo, tal vez no tenga mucho tiempo para ver la tele y comentar programas; pero lo sabrá todo sobre los juicios actuales más sonados.

Temas a evitar: secuestros, acechos, muertes, ajedrez, ordenadores, tebeos, «guerras de las galaxias», *Star Trek*, tu amor secreto por la lucha y las artes marciales. Ponte en su lugar y nunca hables de temas que realmente podrían impresionar a una mujer. Crearás una mala onda que hará desaparecer inmediatamente cualquier atractivo que hayas logrado generar.

No hagas comentarios negativos sobre ti mismo o tus amigos: hará que parezcas necesitado-ansioso o que en realidad no te importan. Si eso es lo que piensas acerca de ti o de tus amigos, ¿qué pensarás de ella?

Evita parecer desesperado. No le digas que estás desesperado ni que hace tiempo que no sales con nadie.

No intentes averiguar si le gustas o si eres «su tipo», no le preguntes constantemente si se divierte y si está cómoda. Básicamente, evita cualquier tema que te haga parecer inseguro y ansioso.

La ventaja de las conversaciones para ligar reside en la gran oportunidad de practicarlas, así que manos a la obra.

CINCO TEMAS QUE DEBEN EVITARSE

1. Tus vicios
Por qué es tabú: Durante las primeras citas con una mujer, compórtate como en una entrevista de trabajo: no querrás que descubra nada que te haga parecer alguien en quien no se puede confiar.

2. El dinero
Por qué es tabú: Porque hablar de temas económicos con una mujer que acabas de conocer se considera de mal gusto.

3. Conquistas anteriores
Por qué es tabú: A lo mejor crees que si sabe que tienes éxito te volverás más deseable. Sin embargo, hablarle de tus citas no sólo la aburrirá sino que hará que parezcas un ligón.

4. Tus dolencias
Por qué es tabú: Si de lo único que puedes hablar es de tus problemas de rodilla, muñeca o cadera, realmente deberás darle un repaso a tu conversación.

---

5. Vuestro futuro como pareja

Por qué es tabú: Sí, es verdad que en general las mujeres quieren hombres serios y que piensen en el futuro, pero no quieren chiflados ni pelmazos.

CINCO TEMAS DE CONVERSACIÓN

El truco para que la charla avance es evitar esos silencios aterradores, cuando los nervios te impulsan a soltar algo que preferirías no haber dicho.

Una vez más, continúa con las preguntas, pero no como si la entrevistaras sino como si charlaras con tus amigos.

1. ¿Has viajado a algún lugar especial?

Para despertar el interés de una mujer, puedes recurrir a un buen truco: preguntarle adónde ha viajado y adónde piensa viajar en el futuro. Ello también proporciona información a ambos acerca de su medio cultural y su disposición a correr nuevas aventuras.

2. La cultura audiovisual

Habla de los programas y los espectáculos que más te fascinan. Advertencia: no hables como si la tele fuera el centro de tu existencia. Resulta difícil parecer interesante si tu vida gira alrededor de la televisión.

3. Sus amigas

Éstas son sus pilares de apoyo y sus adláteres de los buenos momentos. Pídele que te cuente cómo son, dónde las conoció y dónde se reúnen. Obtendrás detalles muy interesantes acerca de ella.

4. Planes futuros

Le encantará que le preguntes acerca de sus metas, sueños y ambiciones. Pregúntale cuál sería su empleo ideal, dónde le gustaría vivir, a quién le gustaría emular y qué piensa hacer para que todo eso ocurra. Pero no intentes integrarte en esos planes ni sintonizarlos con los tuyos. Demostrar excesivo entusiasmo por comprometerte puede resultar tan poco atractivo para las mujeres como para los hombres.

5. Qué hace durante sus ratos libres

Para descubrir sus gustos (y averiguar dónde llevarla durante una cita), pregúntale qué hace los fines de semana, cuáles son sus actividades preferidas y si le gustan las reuniones sociales o la soledad. Pregúntale si le gustan los deportes y cuáles practica.

CÓMO DESARMAR A UNA MUJER DURANTE EL LIGUE

¿Alguna vez has notado que una mujer que no se interesa por ti (una felizmente casada, por ejemplo) no tiene ningún inconveniente en charlar contigo alegremente, mientras que otra que sí se interesa resulta mucho más difícil de conquistar?

Se debe a que esta última te considera una posible pareja y quiere comprobar si eres digno de su interés. Alguien que te está examinando estará más en guardia porque si apruebas su examen, se dispone a ponerse en una situación vulnerable con respecto a ti.

Así pues, ¿cómo has de ingeniártelas para que baje la guardia, penetrar en su sanctasanctórum de felicidad y formar parte de éste, al menos por una noche?

Sigue leyendo para averiguar qué hacer y qué evitar para que una mujer se sienta más relajada mientras intentas ligar con ella.

Averigua qué opina

Mientras dialogáis, no te limites a hablar de la actualidad sin profundizar en el tema. Has de averiguar qué siente ella acerca de lo que estáis hablando. Puedes empezar por algo sencillo como sus estrellas de cine predilectas, pero procura suscitar sus opiniones. «¿Por qué crees que la abandonó así, sin más?» «¿Crees que hizo lo correcto?» De vez en cuando has de preguntarle su opinión antes de manifestar la tuya (de lo contrario podría repetir lo que tú dijiste), pero no siempre: podría convertirse en un interrogatorio («¿Qué opinas de esto?», «¿Qué opinas de aquello?», etc.) y entonces ella se sentirá incómoda porque siempre estará manifestando su opinión sin saber la tuya, y eso la vuelve vulnerable.

Suscitar su opinión cumple con diversos objetivos:

1. Demuestra que de verdad te importa lo que piensa.
2. Estéis de acuerdo o no, podrás obtener ventaja. Si estáis de acuerdo, tendréis algo en común y podréis seguir hablando del tema. Si no lo estáis, podrás provocarla juguetonamente disintiendo de su opinión. La provocación allana el camino hacia la provocación sexual y las insinuaciones, echándole pimienta al asunto.

Para que ella sienta afinidad por ti, empieza por procurar estar de acuerdo con lo que dice. Una vez que has establecido un terreno en común, puedes empezar a disentir un poco. Nunca debes mostrarte en desacuerdo con todo lo que dice, da igual lo que opines, o parecerás un gilipollas. Pero si siempre estás de acuerdo, ella o bien te verá como un alma gemela (si es que está buscando una) o como un blandengue (si es que está de caza, como tú).

Si una mujer se muestra renuente a expresar sus opiniones, podría ser indicio de que no le interesas o es una aburrida. Ambas son negativas, así que pasa página.

Hazla reír

Ésta es el arma máxima. Si logras hacer reír a una mujer, ya tienes media partida ganada. La risa relaja la conversación y el ligue, pero debe surgir de manera natural y no planificada. Lo que más atrae a las mujeres es la confianza y soltarles un rollo convencional o un chiste indicará que empleas una fórmula. No trates de hacerte el gracioso o recurrir a un tema controvertido: los chistes políticos y sexuales provocarán una reacción, pero no la que esperas. Como el humor es bastante universal, di algo que te haga reír a ti y provocarás la misma reacción.

Háblale de cosas agradables y positivas

Tal vez no seas el hombre más gracioso del mundo, pero siempre hay otras maneras de hacer reír, aunque no sea a carcajadas. Fomenta un ambiente positivo hablando de temas agradables, por ejemplo las vacaciones. O bien ha disfrutado de unas vacaciones recientes y podrá hablarte de ellas o estará por tomarlas y animada por la perspectiva. Sea como sea, es un tema más positivo que una hambruna, ¿no?

Pero no es necesario que te limites a hablar de trivialidades. Habla de política, si eso es lo que le interesa, pero no te pongas pesado: ridiculiza a los políticos o, aún mejor, al sistema en general. Si logras demostrar que eres capaz de ver el lado divertido de cualquier asunto, te convertirás en el acompañante de los momentos alegres.

Hazle un cumplido original

Si le dices a una chica que tiene los ojos bonitos cuando no es así, parecerá un cumplido automático y prácticamente un insulto. Por otra parte, procura evitar los cumplidos obvios; obtendrás mejores resultados con un cumplido que no haya oído antes. Dile que lleva un cinturón, un reloj o unos zapatos bonitos, da igual. El objetivo es hacerla sonreír.

Obviamente, la clave consiste en ser observador y puede proporcionarte un resultado magnífico si lo haces correctamente. En vez de decir «Tienes unos labios bonitos», dile «La forma de tus labios es ideal. Están bien proporcionados, el inferior es un poquito abultado, pero no tanto como para sentarme en él... Y esa combinación pintalabios/labios funciona perfectamente». Es importante soltar un comentario medio en broma, pero con confianza.

Hacerle un cumplido sobre su atuendo es positivo, porque te permite decir que está bien conjuntado (habla en su favor) y también que le sienta perfectamente (eso también habla en su favor, porque le dices que sabe vestirse y además que es guapa). Lograrás que se sienta apreciada y menos insegura.

Más que dedicarle una serie de cumplidos intrascendentes, procura hacerle uno solo pero muy contundente. Entorna los ojos, como si estuvieras hipnotizado por lo que ves. La impresionarás.

Utiliza impactos negativos

¿Qué es un impacto negativo? Considéralo una provocación juguetona y alegre dirigida a una mujer guapa en vez del halago habitual que suele oír. En otras palabras, es lo último que espera oír, pero será lo que recuerde al final de la velada. Si sólo te dedicas a adularla, pronto se cansará de tu cháchara exagerada y halagüeña. Las mujeres guapas no necesitan otro club de admiradores, necesitan un desafío. Si interrumpes la conversación con un impacto negativo o una provocación (adaptada a su personalidad, claro), sabrá que ella también puede ser sincera. Entonces saltarán chispas.

EL IMPACTO NEGATIVO

El impacto negativo no debe contener nada mezquino. Su carácter es juguetón e irónico, pero el objetivo siempre es el mismo: provocar cierta incertidumbre y despertar curiosidad. A medida que una mujer recibe cumplidos a lo largo de una velada, éstos pierden valor e importancia. En este contexto, los impactos negativos se vuelven más eficaces.

Dile a una mujer que tiene ojos bonitos y lo más probable es que los entorne. Si le dices en tono irónico que tiene algo en el ojo la desorientarás, despertarás su curiosidad y te diferenciarás de sus anteriores cortejadores. A medida que te acostumbres a dosificar los impactos negativos, podrás volverte más audaz. «Esos zapatos parecen cómodos» es un comentario muy sugerente para un oído femenino, y uno que te diferenciará del resto de la manada.

No hables de sexo inmediatamente

Deja que se sienta cómoda contigo antes de mencionar el tema. Y cuando lo hagas, hazlo con humor.

No te precipites

Nada acalla a alguien con tanta rapidez como la sensación de sentirse encasillado. Por ejemplo, si la observas de arriba a abajo y, basándote en sus tejanos de tiro bajo y el *piercing* que lleva en el ombligo, le preguntas sin venir a cuento qué le ha parecido el último álbum de la estrella adolescente del pop. Creerá que la consideras una fan debido a su atuendo o, si su autoestima es baja, quizá se sienta estúpida por no saber qué contestar.

Así pues, nunca supongas, siempre pregunta primero. Si quieres sacar el tema, hazlo disimuladamente o pregúntale por la música que le interesa. Entonces, cuando lo saques, parecerá que compartes su interés y no que es algo proyectado sobre ella.

Reflexiona acerca de todas estas ideas con antelación en vez de hacerlo de manera atropellada... y después limítate a mostrarte encantador. No olvides que si quieres que una mujer se sienta atraída por ti has de comportarte con confianza y naturalidad.

SUGIERE SIN SER LASCIVO

Una buena técnica de conversación supone comunicar tus intenciones con claridad y, cuando éstas no son completamente «honestas» en el sentido tradicional, comunicarlas puede resultar engorroso. Para un hombre, una de las transiciones más complicadas es pasar de flirtear en un bar a retozar en un dormitorio. A menos que todo encaje a la perfección y los hados te sean favorables (es decir, si ella te susurra al oído cuánto te desea), tendrás que esforzarte para lograrlo.

P: Intento dar una buena impresión en la primera cita. ¿Adónde la llevo?

R: Eso depende del gusto de cada uno, pero ciertos recursos asegurarán que tu encuentro sea un éxito. Procura llevarla a un lugar que fomente la conversación y ofrezca la posibilidad de conoceros. Eso significa eliminar el cine y el teatro, y acudir a una galería de arte, por ejemplo. De acuerdo: quizá no sepas cómo colgar un Picasso, pero tu pareja apreciará tu cultura. Si prefieres un entorno al aire libre, el zoológico o un parque de diversiones serán una buena elección. Ambos proporcionan cosas para mirar y comentar en caso de que la conversación se atasque.

Los espectáculos deportivos también resultan divertidos y son baratos. Una noche en la bolera o una tarde en la pista de patinaje son una buena solución, pero asegúrate de refrenar tu espíritu competitivo. Aunque hayas sido miembro del equipo olímpico de hockey sobre hielo, le caerás simpático a tu pareja si de vez en cuando tiene que levantarte de la pista.

Y sobre todo, sé flexible. Si resulta que la chica es vegetariana, no la lleves a una parrilla sólo porque formaba parte del plan; además, asegúrate de tener un restaurante o una cafetería de recambio en caso de que tu primera elección resulte un desastre.

He aquí ocho maneras de indicar tus intenciones sin ser grosero.

1. Tócala como quien no quiere la cosa

Si lo logras, el contacto será eléctrico y pondrá en marcha los motores de ambos. Pero no hablamos de que le toques el trasero o el muslo: has de rozarla como por casualidad, esos contactos naturales que ocurren a lo largo de una velada. Tócale el brazo al reírte de sus chistes o apoya una mano en su espalda al guiarla a través de la entrada.

2. Sé directo sin ser maleducado

Juzga su estado de ánimo y, si te parece dispuesta, dile lo que quisieras hacerle. No utilices términos ordinarios como «follar», susúrrale palabras apasionadas al oído. Dile que te vuelve loco y que no puedes evitarlo. Hazle saber que te mueres por tocarla; si te sigue escuchando, te espera una noche inolvidable. Claro que ella podrá acabar derramando su copa encima de tu cabeza, así que no te pongas una camisa de 200 euros.

3. Manifiesta tus intenciones con ligereza

No es necesario que las cosas se desarrollen de un modo embarazoso y grave. Ambos sabéis que quieres llevarla a casa y acostarte con ella, pero el tema es como un gran elefante rosa en medio de la discoteca al que no queréis mencionar. Recurre a la siguiente solución: dile que has de dejar de beber porque si no podrías decepcionarla más adelante, o dile que califique tu proceder del 1 al 10. Lo importante no es la cifra sino cómo te contesta. Una carcajada y una sonrisa sincera significarán que estás bien encaminado, una reacción forzada supondrá que has de seguir trabajando.

4. Sé juguetón

Eso no significa desprenderle el sostén o tirarle de las trenzas: deja esas cosas para el recreo. Demuéstrale que estás dispuesto a pasarla bien sin ponerte serio. Baila, monta en el toro mecánico (si lo hay) o desafíala a echar un pulso... cualquier cosa que le demuestre que no sólo eres un ligón empeñado en bajarle las bragas. Ella se relajará y la transición resultará más fácil.

5. Sugiere una actividad pecaminosa aunque no sexual

Un vicio conduce a otro, así que ¿por qué no acudir al casino? El ambiente electrizante y el aroma del dinero actuarán como un afrodisíaco natural y quizá tengas suerte en más de un sentido.

También puedes sugerir una visita a un *after-hours*. Podrás prolongar la fiesta y cuantas más copas beba, tanto mayor será su desinhibición.

6. Contonea las caderas

La energía eléctrica de la pista de baile, el ritmo insistente de la música, todos esos cuerpos sudorosos sumidos en la sexualidad... ¡Dios mío!

El contoneo es un arte. No te restriegues con demasiada insistencia o te rechazará de inmediato. Refrénate un poco y contonea las caderas con sutileza: el mensaje será claro. Es un cliché, pero precisamente porque es una manera muy eficaz de pasar de la discoteca al dormitorio.

7. Hazle un masaje en los pies

Ha bailado toda la noche y le duelen los pies. Siéntate en un reservado, tráele una copa y masajéale los pies debajo de la mesa; asciende sutilmente por las pantorrillas pero no vayas más allá de las rodillas. Comprenderá tus intenciones con bastante rapidez (pero disfrutará del masaje, ¿quién no lo haría?).

8. Invítala a tomar un bocado

La comida es un afrodisíaco de eficacia indudable. Llévala a un reservado confortable donde ambos podáis compartir unos bocados. Es táctil, es sensual y te permite meterle cosas en la boca. Eso es lo que quieres, ¿verdad?

SI QUIERES SEXO, ESCUCHA CON ATENCIÓN

Hemos de hacer hincapié en este punto: cuando se trata de charlar, la gran diferencia entre los auténticos ligones y los individuos normales reside en su talento para escuchar. Pongamos punto final al capítulo sobre la conversación con una última lección sobre cómo escucharla correctamente y prestar atención a sus palabras.

Escucha con los oídos, no con la boca

Hay que reconocer que, en general, los hombres no saben escuchar y tienden a hablar demasiado. La mayoría adopta el sistema conocido como «simular que escuchas sus problemas para que te aprecie y quiera acostarse contigo». Resulta obvio que semejante enfoque es incorrecto.

Y tampoco debes mostrarte demasiado comprometido. Ella tiene una mamá, un papá y unos amigos que la critican, la sermonean y le dan consejos acerca de la moralidad. Lo último que querrá será encontrarse con alguien que le endose sus opiniones sobre algún problema en particular.

Quiere conocer a alguien que la escuche y comprenda sus problemas sin juzgarla ni aconsejarla. Para convertirte en esa persona, debes aplicar el «Enfoque de Oyente Activo».

Sé un oyente activo

No es muy difícil, pero requiere ciertos rasgos de carácter que a veces se les escapan a los hombres: la paciencia, la concentración y la modestia.

Requiere paciencia porque debes concederle todo el tiempo necesario para transmitir su mensaje. La concentración es básica porque no sólo has de mirarla sino también centrarte en ella: en sus ojos, su lenguaje corporal y su voz. ¿Qué está diciendo? ¿Qué te está contando? Concéntrate.

Hemos incluido la modestia porque para muchos hombres cederle la palabra a otro durante bastante tiempo supone un problema. Les gusta escuchar el sonido de su propia voz y quieren que los demás también lo oigan.

Esos hombres quieren dominar la conversación y recibir a la corte, por así decirlo. Lamentablemente, no es un rasgo propicio para una buena relación.

Así que deja tu ego a un lado y permítele hablar cuanto necesite. Y sobre todo, deja que tenga la última palabra de vez en cuando: no es un indicio de debilidad masculina.

Tu estilo activo

Tener talento para ser un oyente activo resulta útil para reunir información y consiste en descubrir «ganchos» (puntos de interés a desarrollar) y semáforos rojos (temas a evitar).

He aquí una manera de empezar:

■ Estimula sus pensamientos haciendo preguntas abiertas y pon en marcha tus «talentos de oyente activo».

■ Usa términos breves para animarla, como «Sí, adelante», «De acuerdo», «Comprendo» y «Ya».

■ Cada vez que ella haga una pausa, repite las últimas palabras de su última parrafada y haz una pausa.

■ No la interrumpas y procura animarla a desarrollar el hilo de su idea sin asentir ni disentir. Así descubrirás más cosas acerca de ella.

■ Demuestra que la comprendes, como si te calzaras sus zapatos de tacón.

■ Etiqueta sus emociones para que sienta que participas de su realidad (por ejemplo, «Pareces animada», «Pareces atormentada», «Caramba, eso realmente te apasiona» o «Nunca he conocido a nadie que pusiera tanto fervor en este tema»).

■ Resume los puntos más importantes con tus propias palabras y presta especial atención a las emociones etiquetadas para demostrarle que la comprendes y aumentar su confianza en ti (por ejemplo: «A ver si lo he entendido: hace seis meses que vas detrás de ese empleo y hoy por fin te lo han dado. Es comprensible que estés excitada»).

■ Sé breve e identifícate con ella señalando un interés o un sentimiento en común. Si has escuchado correctamente, deberías disponer de un par de ganchos.

■ Orienta la conversación hacia la gratificación. No hables de sexo, aunque no pasa nada si lo insinúas echando mano de cosas como un postre, los coches, la ropa, las vacaciones, las celebraciones o las copas.

NO TE COMPORTES COMO UNO DE ESTOS INDIVIDUOS

El simulador. Aquel que parece un oyente activo pero al que en el fondo le importa un pimiento lo que dice ella.

El centro de atención. Aquel que necesita estar en primer plano. Le encanta escucharse a sí mismo, en detrimento de posibles relaciones futuras. Siempre que puede, se convierte en el centro de atención.

El que contradice. Ya porque siempre insiste en manifestar su punto de vista o porque le encanta jugar a ser el abogado del diablo, este individuo no deja de provocar discusiones conflictivas. Como ya hemos dicho, no hace falta que estés de acuerdo con todo lo que diga una mujer, pero tampoco has de polemizar por polemizar.

Céntrate en su comunicación no verbal

Es bastante fácil advertir si una mujer está triste, trastornada o enfadada, y si no reaccionas con rapidez te considerará un gilipollas insensible o que no comprende la comunicación no verbal.

Ésta incluye gestos, movimientos, expresiones faciales y otras formas de lenguaje corporal. Pero ten en cuenta que también incluye el tono, el timbre y el volumen de la voz, y los suspiros. Cuando te comunicas con una mujer, presta atención a todos ellos.

Tanto en los buenos como en los malos momentos, la comunicación no verbal te indicará de inmediato lo que siente por ti en ese preciso instante, además de cómo se siente en general. Utilice las palabras que utilice, su lenguaje corporal siempre reflejará sus auténticos sentimientos.

No bebas en exceso

La mayoría de las mujeres apreciarán a un hombre que sabe escuchar atentamente sin juzgarla o proporcionarle demasiados consejos. Les encanta que un hombre comprenda y valide su opinión (incluso cuando están completamente equivocadas). Así que si lo que quieres es acostarte con ella, primero debes ofrecerle un oído comprensivo.

Un último consejo antes de que aguces el oído: procura no beber y charlar al mismo tiempo, porque el alcohol afectará tu capacidad de comunicarte y escuchar correctamente. Puedes tomar algunas copas para relajarte, pero sin abusar. Recuerda que cuanto más bebas, tanto más hablará la botella.

REGLA 3:
DEJARLA CON LA MIEL EN LOS LABIOS

Nuestra primera regla trataba de un rasgo de carácter que todos los expertos en el arte de ligar reconocen como un requisito imprescindible para tener éxito con las mujeres: la confianza. La tercera se centrará en una estrategia general reconocida como eficaz por todos los expertos. Algunos la denominan «constituir un desafío», otros «teoría del gato atado a una cuerda», mientras que aún otros la ilustran con el antiguo dicho del mundo del espectáculo: «déjalos ansiando más». En resumen, todas suponen la misma idea nuclear: cuánto más reserves de ti mismo, tanto más querrá.

De las citas al sexo

Como afirma el dicho, la paciencia hace milagros, así que tómate el tiempo necesario para conocer a una mujer y que ella te conozca a ti. Una buena primera cita no necesariamente ha de acabar preparándole el desayuno.

Las mujeres adoran a los hombres misteriosos que pueden ir pelando como una cebolla. Si no hay nada por descubrir quizá pierdan el interés, pero si ven que hay mucho por desvelar, querrán seguir pelando.

Si te preparas correctamente para enfrentarte a cualquier situación embarazosa que pueda surgir y logras mantener el delicado equilibrio entre parecer interesado y parecer indiferente, ella siempre querrá más.

EL MISTERIO DEL SILENCIO

En su mayoría, los hombres se sienten apremiados por el tiempo, como si sólo dispusieran de una oportunidad mínima para atraer la atención de una mujer. El resultado es que consideran que la única manera de impresionarla es contándole todo sobre sí mismos en el transcurso de las primeras citas. Algunos incluso le narran toda su autobiografía en los diez minutos iniciales de la primera cita.

Ofrecer demasiada información a una mujer equivale

a mostrar todas tus cartas sin darle la oportunidad de sentirse atraída por ti. Además, te arriesgas a que descubra algunos de tus defectos de carácter, y una mujer es más implacable cuando su interés aún no se ha desarrollado del todo. Le resultará más fácil dejarte durante la etapa inicial de una relación, cuando todavía no le ha dedicado demasiado tiempo ni se ha enamorado de ti ciegamente.

Además, debido a la creencia en esa mínima oportunidad, los hombres creen que la mejor manera de venderse a sí mismos es impresionando a la mujer con los argumentos de un vendedor. Hablar sobre todo de sí mismos significa hablar de sus posesiones, el coche que conducen, la velocidad que desarrolla, cuánto dinero ganan, etc.

Es un gran error y lo único que conseguirás es espantarlas. Durante el primer encuentro o las primeras citas, las mujeres aborrecen que los hombres alardeen de sus logros o posesiones.

Claro, las impresionarás, pero prefieren descubrir tus posesiones por su cuenta y no a través de tu discurso de vendedor de coches. A las mujeres les cae muy mal un hombre que no puede dejar de hablar de sí mismo.

El misterio tiene su valor

Bueno, ¿cómo hacer para seguir siendo misterioso? Puedes empezar por atenerte a estas cuatro reglas básicas:

1. Dirige la cita
A condición de que ella siga hablando, no mostrarás tus cartas y seguirás siendo misterioso. Si eres tú quien hace todas las preguntas, ella creerá que ha de demostrarte su valía.

2. No reveles tu pasado

Deja el pasado en el pasado. No hables de tu ex, no digas cuán herido te sentiste ni menciones a la novia que te abandonó.

3. Tu familia no existe

No hables de tu tío gay, los cinco hijos de tu hermana, el alcoholismo de tu madre o la ludopatía de tu padre. La chica con la que sales no es una terapeuta y tus problemas familiares no le interesan. Al menos no por ahora.

4. Nada de detalles

Puedes hablar de tu trabajo. Ella lo mencionará o lo traerá a cuento, pero no le digas cuánto dinero ganas.

La moraleja de la historia

Vale, no puedes seguir siendo un misterio el resto de tu vida, de lo contrario sólo la ahuyentarás. Finalmente tendrás que divulgar cierta información acerca de tu persona, pero no lo hagas durante las primeras citas.

P: ¿Tras cuántas citas puedo dejar de pagarle todo?

R: Dicen que el dinero es el origen de todos los males y es verdad, sobre todo en el terreno de las citas, donde el dinero —o su ausencia— ha estropeado muchas relaciones. Por desgracia para ti, la igualdad entre los sexos generalmente no se aplica las primeras semanas.

Por regla general, quien organiza la cita también es quien paga los gastos. Pero seamos realistas: a menos que quieras que te tomen por un tacaño, hacerte cargo de la cuenta las tres o cuatro primeras citas es una buena idea. A esas alturas, se supone que la etapa del cortejo ya ha pasado y ambos deberíais tener la suficiente confianza como para compartir los gastos. Por ejemplo: si tú la invitas a cenar, ella debería pagar las entradas al cine, y si tú pagas las tres primeras copas en el club de *striptease*, ella podría pagar el último baile erótico en el regazo.

CÓMO MANTENERLA A LA EXPECTATIVA

Cuando recién empiezas a salir con una mujer, tendrás que llegar a acuerdos mutuos y complacerla hasta cierto punto, pero es importante establecer un equilibrio, tanto para mantener tu atractivo como para no establecer precedentes negativos ante futuras relaciones en potencia. Así que si consideras que tú siempre eres el que da o el que persigue, existen maneras sencillas para lograr que ella también te complazca.

■ Rompe las «reglas» de vez en cuando

En vez de llamarla el miércoles para veros el sábado, llámala esa misma mañana para una cita improvisada. En vez de esperar dos días antes de volver a llamarla, sorpréndela y llámala antes... o un poco después. En otras palabras, evita que tus llamadas sean demasiado previsibles. Si no respetas las «reglas» de arreglar citas, le demostrarás que tú estás al mando y mantendrás su incertidumbre.

■ Bésala apasionadamente... y después dale las buenas noches

¿Quieres que siga ansiando más? Intenta lo siguiente: dale un beso muy apasionado y a continuación despídete. Alcanzarás dos objetivos: que no deje de pensar en ti y, como has sido tú el que ha interrumpido el beso para despedirse, que se quede ansiando más.

■ Procura no estar demasiado disponible

Si ella sugiere un encuentro el viernes, proponle el sábado. Si ella quiere verte el domingo, sugiere el martes, pero no lo hagas siempre o te arriesgarás a quedarte sin cita. La idea es dar la sensación de que tu vida social es ajetreada. Ojalá sea así, pero de lo contrario el simulacro servirá para mantenerla a la expectativa.

■ Has de ser el que da por terminada la llamada telefónica

¿Por qué esta táctica sencilla tiene éxito? En gran parte porque las primeras llamadas tienden a determinar el desarrollo de la relación. Cuando lo importante haya sido dicho, no intentes prolongar la conversación: despídete con amabilidad y cuelga. Si utilizas este truco un par de veces, seguirás al mando.

■ Deja que ella haga una parte del trabajo preliminar

Si siempre eres tú quien la llama y la persigue, el que estará expectante serás tú. Para invertir los papeles has de dejar que ella haga una parte del trabajo; indícalo mediante tu conducta. Al final de la velada, dile que te llame e insiste en ello. Es verdad que eso supone esperar que te llame, pero también que será ella la encargada de tomar la iniciativa y, sobre todo, la que ocupará el papel del perseguidor, y así tú recuperarás parte del control sobre la situación.

■ Deja que ella tome la iniciativa sexual

Cuando se trata de sexo, las mujeres casi siempre son las que mandan... y ella aprovechará esta circunstancia para mantenerte expectante. Así que por una vez, invierte los papeles y deja que sea ella quien dé el primer paso. Si no lo anhelas desesperadamente y no cedes en todo con tal de acostarte con ella, será ella quien tendrá que perseguirte. Y eso ciertamente la obligará a mantenerse alerta.

■ Reserva una noche para salir con tus amigos

En vez de dejar que ella organice tus salidas semanales, reserva una noche para salir con tus amigos; así sabrá que hay otras personas en tu vida y además se preguntará qué haces cuando sales con ellos: unos celos saludables nunca han hecho daño a nadie.

■ Coge el mando

Ten presente este hecho importante: mantenerla a la expectativa no significa comportarte como un gilipollas, más bien se trata de controlar la relación de un modo equilibrado y divertido. Una vez leída la lista anterior, deberías ser capaz de volver a ocupar el lugar del conductor. Así que, por favor, conduce con cuidado.

CINCO MANERAS DE LLEVAR LAS RIENDAS

1. Basta de juegos
Todos los juegos practicados por una mujer (hacerse la difícil, no devolver las llamadas, hacerte pasar por el aro) constituyen pruebas. Si quieres mantenerte al mando, no te quedará más remedio que aceptar el desafío.

2. Mantén la bragueta cerrada
Si quieres ser el que manda, has de ser el amo de tu reino y no dejarte manejar por lo que tienes entre las piernas. Así que no te lances cuando ella te ofrece sexo y no seas el que siempre inicia el escarceo en la cama.

3. Desarrolla una nueva actitud
Muchos hombres se comportan como si una mujer les hiciera un favor saliendo con ellos, como si ella fuera un premio importante y ellos debieran demostrar que se lo merecen. Invierte la situación modificando tu actitud. El premio eres tú, no ella, y eso forma parte de tu confianza esencial.

4. Debes tener una reserva
Al principio de una nueva relación, el Hombre al Mando siempre dispone de algunos recursos, así que antes de comprometerte del todo es aconsejable disponer de una mujer de reserva, en caso de que tu nueva amiga te mande a freír espárragos. Así, será más fácil emprender la retirada, sabiendo que tienes adónde ir.

5. Has de ser un buen amante
A diferencia de los hombres, las mujeres pueden irse a la cama cuando quieren, basta con que lo pidan. Pero son mucho más

selectivas que los hombres y lo que quieren son buenos amantes. Para mantenerte al mando, debes asegurarte de ser un campeón en la cama (si quieres más información al respecto, sigue leyendo).

CONSEJOS PARA EL TOQUE

Cuando estás con una mujer, es importante romper la barrera del toque para demostrar que te atrae, así como para comprobar qué siente por ti. En el transcurso de las dos primeras citas, es necesario romper la barrera del toque, pero eso no significa atravesarla violentamente. Una vez más, permite que la idea de «dejarla ansiando más» guíe tu enfoque. Comunica tus intenciones mediante toques breves y sutiles.

Al hacerlo, es importante que evites los tocamientos (pechos, trasero, etc.). Los toques deben ser sutiles para no llamar su atención. He aquí cuatro técnicas sencillas:

■ *El roce*
En la discoteca, apóyate ligeramente contra su brazo. También puedes rozarla al pasar por su lado.

■ *Apoyarle la mano en la espalda*
Si la invitas a una copa y ella acepta, guíala apoyando la mano en su cintura.

■ *Rozarle las piernas y los pies*
Cuando ambos estéis sentados, apoya una pierna contra la suya o roza su pie con el tuyo y no lo retires de inmediato.

■ *El toque pedagógico*
Tal vez estáis jugando al billar o al mini-golf y quieres enseñarle a sostener el taco, golpear la pelota o ejecutar un tiro. Ponte detrás de ella y haz lo que debas.

SEIS REGLAS DEL LIGUE QUE LAS MUJERES QUIEREN QUE CONOZCAS

Incluso mientras mantienes su interés haciéndote el misterioso, no debes olvidar tu objetivo... y tampoco permitir que ella lo olvide. Mantente esquivo pero adopta un enfoque directo, persigue a tu presa con confianza. Las siguientes seis reglas del ligue aumentarán tu tasa de éxito con las mujeres, sin dejar de proyectar una imagen caballerosa y confiada.

1. Si manifiestas interés por ella, no lo manifiestes por sus amigas

Si tratas de conquistar a más de una mujer del mismo grupo, saldrás mal parado. No sólo quedarás como un ligón descarado, sino que también pisarás arenas movedizas: para ligar con una mujer con éxito, has de conseguir que se sienta especial. Y tratar de conquistar a sus amigas o expresar interés por ellas ciertamente no hará que ella se sienta demasiado especial.

2. Haz que se sienta la mujer más guapa del mundo

Con frecuencia, una mujer se sentirá atraída por un hombre debido a un único motivo: por cómo hace que se sienta. Si la haces sentir la chica más bonita de la sala, es probable que quiera volver a verte. Y eso también jugará a tu favor a largo plazo: si se siente cómoda y confiada contigo, recogerás los beneficios en todos los aspectos de la relación.

3. No dejes de dedicarle cumplidos por considerar que no suponen una novedad

En otras palabras, no dejes de acercarte y dedicarle cumplidos por considerar que no eres el primero que lo hace. Tal vez pienses que no merece la pena abordar a esa chica guapa de pie en el rincón. Quizá supongas que muchos hombres ya lo han intentado, pero ten en cuenta que la mayoría piensa lo mismo. A menudo, las chicas más bonitas son piropeadas por la calle, pero rara vez se les acerca un hombre simpático y sincero. Así que no te intimides ni supongas que ya lo ha oído todo antes. Si mantienes una conversación amable y sencilla, tal vez se sienta agradecida.

4. No uses clichés para ligar

Si lo haces, puedes provocar dos cosas: o bien parecer que te estás esforzando en exceso o dar impresión de inexperto (lo que es aún peor). Intenta mantener una conversación sencilla y procura ser sincero. Si lo haces, pasarás por encima de los formalismos y te destacarás de todos los hombres que usan clichés para ligar... y hay unos cuantos que aún lo hacen.

5. Acércate a ella en un lugar que no sea una discoteca o un bar

Las mujeres están acostumbradas a que traten de ligar con ellas en un bar o una discoteca, y estarán en guardia. Eso significa que quizá te rechace sencillamente porque te has dirigido a ella justo después de un pelmazo o porque eres el último de una fila de hombres que le han soltado el rollo. Además, como saben que intentarán ligar con ellas en las discotecas, las mujeres se ponen un escudo para defenderse de los hombres no deseados, y eso obrará en tu contra.

Pero si intentas ligar con ella en otros lugares, el elemento sorpresa jugará a tu favor, por ejemplo en un supermercado o una cafetería, donde no lo espera y tus palabras podrían sorprenderla agradablemente. No obstante, evita acercarte a una mujer que está comprando vestida con un chándal y aparenta tener prisa: quizá no se muestre muy receptiva.

6. Debes saber cuándo abandonar

Antes de salir a ligar métete esto en la sesera: no hay nada peor que un pelmazo. Interpretar el lenguaje corporal de la mujer no sólo es importante para comprobar si está interesada, sino también para saber cuándo has de abandonar el intento.

Por ejemplo: ¿te mira a los ojos o desvía la mirada? ¿Parece aburrida por la conversación? Si has puesto en juego tu mejor y más sincera táctica y ella no reacciona, es hora de cortar por lo sano y pasar página.

¿Y si reacciona de manera favorable? Incluso entonces no permanezcas a su lado más de la cuenta. Si la conversación acaba maravillosamente, la dejarás ansiando más.

HAZ QUE ENLOQUEZCA POR TI

La naturaleza humana es muy extraña. La gente cree que si algo cuesta poco, quizá sea de escaso valor, mientras que si algo resulta difícil de obtener, automáticamente adquiere mayor calidad y valor. De ahí proviene el proverbio «has de pagar por lo que quieres».

El mismo principio se aplica a las citas. En general, las mujeres aprecian una amistad, pero se volverán locas por ese hombre encantador que les costó un esfuerzo conquistar.

Adjudícate un valor extra

Un hombre siempre debe evitar ser devaluado, esto es, percibido como alguien de menor valor. En general, debes tomar las medidas necesarias y eliminar de tu vida a cualquiera que no esté dispuesto a pagar el precio necesario para merecerte.

Una manera de conseguir que una mujer te considere un compañero valioso es limitar tu disponibilidad. Los productos escasos y poco comunes son percibidos como valiosos; la gente tiende a adjudicarles más valor. Si aplicas esa misma lógica a tu persona y te presentas como una mercancía nada común, hará que te perciba como alguien más valioso. Si evitas estar siempre disponible para ella, te considerará una mercancía escasa y por tanto de mayor valor.

Los productos escasos se consideran más valiosos (como el oro, los diamantes y los cromos de fútbol raros). La gente adjudica mayor valor a las cosas difíciles de conseguir. Si eres «raro» o te vuelves más «escaso», a ojos de ella tu valor aumentará.

■ No pases todo el día con ella. De hecho, de vez en cuando deberías estar dispuesto a no dedicarle tiempo ni prestarle atención. En ocasiones, cancela una cita y no siempre devuelvas sus llamadas.

■ Si una mujer hace algo que te enfada, no te arredres y hazle saber que estás enfadado (sin desquiciarte). Los hombres que no se hacen respetar pierden valor porque las mujeres los consideran unos pusilánimes.

■ Las mujeres han de saber que tienes principios sólidos. Por ejemplo, dile amablemente que las mujeres que intentan liarte no tienen cabida en tu vida.

Rompe las cadenas

Una mujer sólo se apasionará por un hombre cuando cree que puede perderlo. Si le demuestras que no estás colgado por ella, le transmitirás que confías en ti mismo y no permitirás que se aproveche de ti.

Al contrario, si permites que te insulte, te líe y te pierda el respeto, ella jamás sentirá la ansiedad que supone la posibilidad de perderte y su pasión se desvanecerá.

Introduce la competencia

Si introduces cierta competencia en la vida de una mujer, comprenderá que vales más de lo que supuso. Te volverás más atractivo para ella y creerá que tiene que esforzarse por conseguirte.

Lo lograrás invitando a otras amigas a vuestras salidas. También añadirás leña al fuego si dejas los números de teléfono y los nombres de otras mujeres a la vista, en tu casa, tu coche e incluso en tu cartera cuando pagas el almuerzo o la cena. Aunque no logres ponerla celosa, seguirás despertando su interés. Si te hace preguntas acerca de esas mujeres, dile que son tus amigas.

La primera regla que todos los hombres deben conocer es que la escasez fomenta el valor. La economía nos enseñó que la oferta y la demanda determinan el precio o el valor de un objeto. Eso significa que nunca debes estar disponible a todas horas para una mujer, porque si cree que es fácil conseguirte, tu valor desciende en picado. Por eso debes saber cuándo desaparecer. La confianza funciona en ambas direcciones, así que hazle saber que te gusta conseguir lo que quieres y que te alejarás de lo que no te interesa. Si respetas estas pautas sencillas, te aseguramos que cualquier mujer se volverá loca por ti.

REGLA 4: ADAPTARSE AL ENTORNO

Puede que ciertas estrategias para ligar sean universalmente eficaces, pero por desgracia las situaciones en que lo intentas no lo son. Podrías encontrarte con la mujer de tus sueños casi en cualquier parte: en el gimnasio, en un viaje de negocios, en la tienda de comestibles... incluso cuando sacas el perro a pasear.

Como siempre, la clave consiste en estar preparado. Para parecer sincero, has de recurrir al discurso correcto para dirigirte a ella. En este capítulo encontrarás consejos para muchas situaciones y entornos diferentes en los que podrías encontrarte. Pero estés donde estés, no olvides interpretar correctamente su actitud, porque es la clave del éxito.

NUEVE ERRORES HABITUALES

Por desgracia, algunos hombres no comprenden que ciertos factores disuadirán a una mujer a aceptar que un completo extraño le hable o la invite. Éstos son los nueve errores más habituales cometidos por los hombres al acercarse a una mujer.

1. No respetar las distancias apropiadas: La mayoría de mujeres se pondrán en guardia si te aproximas a ellas. Acepta su cautela natural y no la aumentes preguntándole cosas demasiado personales o tocándola demasiado pronto.

2. Intentar engañarla: Muchos hombres creen que pueden engañar a una mujer y convencerla de que les dé su número de teléfono. Las mujeres se dan cuenta cuando intentas ligar con ellas, así que no te andes con rodeos. Sé directo y dile exactamente qué te propones.

3. Comportarte como un pervertido: Muchos hombres estropean su oportunidad de ligar con una mujer clavando la vista en sus pechos. Debes mirarla a los ojos.

4. Soltarles un rollo: No utilices clichés, sobre todo si intentas ligar con una mujer en la calle. Lánzale un par de impactos negativos: es una oportunidad de exhibir tu personalidad; después sé tú mismo.

5. Olvidar lo más importante: A veces un hombre hace un esfuerzo tan grande para parecer convincente que olvida el objetivo esencial. No tiene sentido aproximarte a una mujer si después no tienes valor para pedirle su número de teléfono.

6. Ligar indiscriminadamente: Si consigues el número de teléfono de una mujer, no intentes conseguir el de otra. Contrólate; si la primera lo nota, puedes estar seguro de que pondrá el contestador.

7. Quemar las naves: Si no te hizo caso, no es motivo para que la insultes. Si te rechaza, retírate con elegancia.

8. Mentir: Algunos no saben qué decir cuando se acercan a una mujer, y optan por mentir. Reconócelo: las mujeres no son estúpidas... Y ¿qué ocurriría si descubre que le has mentido?

9. Considerarlo una propuesta de matrimonio: No lo hagas; tu vida no depende de la decisión de esta extraña. Relájate, sólo intentas ligar: lo único que harás es decir «Hola» y conseguir una amiga (o una amante)... no una esposa.

ABORDAR A LAS MUJERES... EN CUALQUIER PARTE

¿Alguna vez has querido ligar a una mujer bonita, ya sea en la calle o en la mesa contigua del restaurante, pero estimaste que no era el momento adecuado?

La mayoría de los hombres se niegan a hablarle a una mujer en la calle porque no saben cómo hacerlo. Ya es bastante difícil hacerlo en un bar (donde el entorno fomenta la comunicación), así que imagina cuánto más difícil resulta en el exterior.

Abordar a una mujer al azar siempre es difícil, porque las mujeres desconfían de los extraños, pero nunca se sabe con quién te encontrarás. Esa que pasa a tu lado podría ser tu alma gemela. Arriésgate.

El factor realidad

Incluso un abordaje perfecto no garantizará una cita. A veces te encontrarás con mujeres que ya están comprometidas, que no tienen tiempo para pararse a charlar, que están pasando un mal día o que no están interesadas. En cualquier caso, no te culpes y no dejes que afecte a tu ego. Es algo normal y les ocurre a muchos hombres. Que una extraña te rechace no es el fin del mundo; forma parte del juego. Lo importante es recordar que suele ocurrir a menudo, pero no pasa nada: a todos les llega su momento de gloria.

Hay tres situaciones básicas en las que te encontrarás con una mujer inesperadamente: el encuentro a través de amigos, el encuentro repetitivo y el primer encuentro. Adapta las siguientes estrategias a cada situación.

El encuentro a través de amigos

Suele ocurrir en las fiestas o las casas de los amigos. Lo normal es que ella sea la chica bonita a la que ningún hombre le quita los ojos de encima.

La estrategia: antes de que otro tenga el valor de hacerlo, pregúntale al dueño/a de la casa o a un amigo/a de la chica si es soltera, y si lo es, que te la presente.

El encuentro repetitivo

Suele ocurrir en los lugares que frecuentas a menudo, como un restaurante (a la hora de almorzar), el gimnasio o de camino al trabajo o a casa. Uno suele encontrarse con la misma cara y a veces ésta es más bonita que las otras, sobre todo si te devuelve la mirada.

La estrategia: no seas tímido. Ármate de confianza, acércate y dile: «Hola, todos los días me fijo en ti y lo considero una señal para hablarte. ¿Te importa que te acompañe?»

El primer encuentro

Esta situación ocurre cuando te encuentras con una mujer por primera vez, por ejemplo en una galería comercial o en la calle. Es una situación que no se presta a la conversación: las mujeres no suelen hablar con extraños, así que no te sientas mal si te rechazan. Lo importante es que lo hayas intentado y que no tengas nada que reprocharte.

La estrategia: intenta mirarla a los ojos cuando pasa junto a ti. En cuanto lo logres, sonríe y di «Hola». Si no reacciona, sigue caminando, ya que resulta claro que no le interesas. Si te devuelve la sonrisa, avanza.

Una vez que haya pasado a tu lado, retrocede y dile: «Lo siento, pero jamás me perdonaría haberte dejado pasar sin saber cómo te llamas.» Si te lo dice, es una señal excelente. Pregúntale adónde va y habla de trivialidades. Después di: «Mary, me encantaría darte mi número de teléfono y que me dieras el tuyo, para tener la oportunidad de volver a charlar.»

Recuerda que quien no se arriesga, no cruza la mar. Sal ahí fuera y háblales a las mujeres. Con un poco de práctica y confianza en ti mismo, conocerás a mujeres en todas partes con mucha facilidad.

ENFRENTARTE A LA COMPETENCIA

Ya sabes cómo ligar con una mujer, que a menudo también quiere que liguen con ella, pero tal vez hayas notado que no estás solo en el empeño. Hay otros hombres al acecho, sobre todo de las guapas.

¿Alguna vez te has encontrado compitiendo directamente con otro por la misma mujer? ¿Supiste qué hacer para despertar el interés de ella?

Evalúa la situación del ligue

Según la dinámica de dicha situación, puedes valerte de la competencia como una «herramienta» para favorecer el ligue, o hacer caso omiso del otro. En cualquier caso, nunca olvides que una mujer sola es una presa legítima para todos.

Si el otro no respeta las reglas (por ejemplo, si interrumpe cuando estás ligando con la mujer), entonces se convierte en un enemigo. Aun así, has de centrarte en la pieza en vez de tratar de ganarle la partida al otro, porque de lo contrario podrías parecer un inmaduro.

Durante una charla a tres bandas con otro hombre y la mujer-objetivo, centra la conversación en ella en vez hablar de ti mismo: hazle preguntas y comentarios interesantes sobre lo que está diciendo y recuerda que, en general, la gente considera que los mejores conversadores en realidad son los que mejor escuchan.

Hagas lo que hagas, no te pongas pesado. No te quedes ahí intentando alardear ni le prestes demasiada atención.

Observa a tu competidor

No dejes que te distraiga, pero ten en cuenta sus intenciones y sus actos.

Procura estar a solas con ella

Llévate a la mujer a un sitio apartado del bar o discoteca, para que el otro no os vea; funcionarás mejor. Si las cosas no van muy bien o te parece que el otro le gusta más, tendrás que apartarla de él con una excusa, por ejemplo: «¿Nos disculpas un momento?», y a ella: «Hay algo que quiero mostrarte.»

Llévala a otra zona del local y di: «En realidad no quería compartirte con ése. Seguro que lo pasamos mejor a solas. Vale, soy un egoísta, pero también tengo algunos rasgos positivos.» Supone una medida audaz que tal vez la impresione y te permite ganar tiempo. También puede salirte el tiro por la culata, pero no tienes nada que perder.

Acepta su decisión

Al final, si le gustas más que el otro, habrás tenido éxito en seducirla y se quedará contigo. En cualquier caso, la mujer es quien decide y debes respetar su decisión. Si siente más interés por el otro, despídete con elegancia e intenta ligar con otra.

Sin batallas ni duelos que emprender, el hombre moderno sólo dispone de palabras y gestos agradables para demostrar su valía frente a otros hombres. Puede que tus tácticas resulten más útiles cuando te enfrentas a la competencia.

Si te centras en la mujer y en tu misión en vez de dejarte distraer por sus otras opciones, tendrás más oportunidades de salir victorioso.

OCHO CONSEJOS PARA LIGAR EN UN BAR O UNA DISCOTECA

La mayoría de los hombres creen que los bares y discotecas son lugares ideales para ligar, pero no parecen tener mucha suerte. Aunque son los sitios preferidos por los ligones, tener éxito no siempre es tan sencillo como parece. He aquí algunos consejos para aprovechar tu actividad nocturna al máximo.

1. Elige el mejor sitio del local

Recuerda los tres puntos básicos: emplazamiento, emplazamiento y emplazamiento. ¿Cuántas veces has visto a una mujer guapa de lejos en un bar, pero estabas clavado en una mesa con tus amigos? Has de poder desplazarte con facilidad y aproximarte despreocupadamente a la mujer que te interesa. Elige un sitio con buena visibilidad y mucho tráfico: podrás interactuar con más personas que sentado en un rincón. Y también resulta práctico disponer de un motivo para estar donde estás: en la cola para pedir una copa en el bar, o delante de los lavabos; así no parecerá que estás al acecho.

2. Hazte amigo del barman/camarera

Conocerlos, sobre todo en un bar de moda, hará que parezcas un tipo importante... y eso siempre ayuda. Y quién sabe, podrías acabar ligando con la camarera.

3. Olvídate de las frases hechas para romper el hielo

El discursito del ligón no sirve. Las mujeres suelen adjudicarle un gran valor a la sinceridad y el sentido del humor. El discursito típico siempre suena premeditado, y eso lo hace parecer deshonesto, y a las mujeres la deshonestidad no les parece graciosa sino amenazadora.

El humor es tu mejor arma. También puedes pedirle que os ayude a ti y a tu amigo a resolver un asunto en discusión... aunque tengas que inventártelo. Recurre a tu espontaneidad y tu espíritu juguetón cuando intentas ligar; el cómo se te ocurrirá sobre la marcha.

4. No lo intentes a solas

Dos es un número idóneo. Echa mano de un acompañante o una acompañante; te será de ayuda porque tener amigas atractivas hace que tú parezcas más atractivo. Si tu acompañante es muy guapa podría resultar intimidante para las demás, pero no si dices que es una amiga. El que tengas una amiga tan guapa que sólo es una amiga (di algo como «Somos amigos, no necesito nada más») te hará quedar como un rey.

5. Preséntate a todas sus amigas

Si está con un grupo de amigas, no te limites a ligar con ella y hacer caso omiso de las demás. Preséntate. Como quizá no hables mucho rato con ninguna, las primeras impresiones son muy importantes. Si estás con tus amigos, preséntalos también. Es mejor que todos se conozcan; no te limites a ligar con una de las chicas como si las demás no existieran.

6. Abórdala bailando

Si ella está en la pista, aproxímate y baila cerca de ella, sin dejar de respetar su espacio personal. Una vez que la hayas mirado a los ojos durante un rato, tiéndele la mano e invítala a bailar.

No aproveches la proximidad para meterle mano ni inicies una conversación. No muestres tus cartas y reserva los toques íntimos para más adelante, cuando te la hayas ligado. Entonces no será meterle mano, será un juego erótico.

7. No invadas el terreno de otro

Si una mujer está acompañada y parece estar flirteando contigo, deja que ella dé el primer paso. No la abordes mientras el otro está en el lavabo, por ejemplo: puede provocar una situación muy incómoda.

Si un hombre tiene una amiga coqueta es su problema, así que no te metas. Hay mucho más donde elegir.

8. Retírate ahora que vas ganando

Ésta es la clave. A menos que todo esté atado y bien atado, retírate cuando hayas conseguido su número de teléfono. Y dile que la llamarás para concertar una cita. En este punto sería conveniente que, ahora que llevas las de ganar, abandones el local (con cualquier excusa).

¿QUIERES LIGAR CON UNA CAMARERA?

No resulta sorprendente que la mayoría de los hombres quiera ligar o acostarse con la guapa camarera del local. Incluso podríamos afirmar que en algún momento de su vida, la mayoría ha intentado seducir a una camarera. Y lo más probable es que no tengan éxito. ¿Por qué? Porque ligar con una camarera en su lugar de trabajo y ligar con una mujer durante sus ratos libres son cosas muy distintas y requieren enfoques diferentes. Por desgracia, la mayoría emplea la misma estrategia con las camareras que con la clientela femenina.

Hay que reconocer que no existe ninguna técnica segura para seducir a una camarera, pero al menos estos métodos evitarán que te manden a freír espárragos rápidamente.

El enfoque correcto

1. Sonríe, mírala a los ojos y pregúntale cómo se llama antes de pedir la primera copa, y no dejes una propina desmesurada. Después abandona la barra para bailar, charlar con tus amigos o lo que sea.

2. Ahora que sabes cómo se llama, siempre debes dirigirte a ella por su nombre al pedir una copa. No le digas cosas como «nena», «monada», «bonita» o «eh, tú».

3. Al principio, nunca intentes charlar con ella cuando está ocupada. Debes tener en cuenta que está muy atareada y ha de concentrarse en los pedidos. Lo último que necesita es un pesado que la distraiga. Respeta su zona.

Además, no resultarás muy interesante si te ves interrumpido cada dos minutos. Lo mejor es presentarte temprano, antes de que el bar se llene de gente. Así tendrás más tiempo de entablar conversación.

4. Nunca le digas cómo te llamas. Deja que sea ella quien te lo pregunte: demostrará cierta curiosidad por ti.

5. Nada de cumplidos. Ya los ha oído todos. Los halagos no significan nada para una camarera, los escucha todas las noches y se ha vuelto inmune, sobre todo a los de un extraño. En su lugar lánzale un impacto negativo. Dile algo como «Se te ha corrido el pintalabios», pero con una sonrisa.

6. Conviértete en su amigo; no demuestres demasiado interés en ella y céntrate en hacerte amigo. Diviértela mientras no está demasiado ocupada.

7. Entabla una conversación interesante; háblale

de algo distinto de lo que ocurre en el bar. Pregúntale qué hace en sus ratos libres, si trabaja de día o estudia. La idea consiste en demostrar un interés auténtico por su vida, no por su cuerpo.

8. Aprende a reconocer y descartar los gestos falsos. Éstos pueden indicar que siente un interés romántico por ti, pero suele ser sintomático de algo diferente. Por ejemplo, el tono coqueto de una camarera puede simular interés por un cliente, pero cualquiera que frecuente los bares sabe que en realidad supone la esperanza de que le dejes una buena propina.

9. Si le pides su número de teléfono, creerá que sólo eres uno más que quiere acostarse con ella. Nunca debes pedírselo: delatará tus intenciones de ligar.

10. Cuando por fin te hayas hecho amigo (suele llevar unas semanas), pregúntale qué hace después del trabajo (suponiendo que no tenga novio). Entonces invítala a un café o, si está cansada, a salir el domingo por la tarde. Si te dice que no, al menos lo habrás intentado y no tendrás que arrepentirte. Si dice que sí, ahora es el momento de intercambiar números de teléfono.

He aquí un enfoque sencillo pero eficaz. Pero antes de dar un paso, asegúrate de que siente interés por ti y no por tus propinas. Lo evitarás si tienes en cuenta las intenciones secretas de la mayoría de las camareras y cómo funcionan. La mejor manera de alcanzar su objetivo consiste en usar su lenguaje corporal, su belleza y su atractivo sexual para convencer a los hombres de que sean generosos... y abran sus carteras.

¿Y cuáles son los gestos falsos que en realidad no significan absolutamente nada cuando intentas ligar con una camarera?

■ Ella recuerda cómo te llamas

Claro que sí; te llamas George Washington y eres el tipo que no deja de darle jugosas propinas.

■ Te ofrece una copa gratis

La mayoría de las camareras tienen derecho a invitar a los buenos clientes a una copa. Si eres uno de ellos, no le adjudiques un gran valor: ya la has compensado con las numerosas copas consumidas.

■ Te sonríe, te saluda con la mano o incluso te da un beso

Se llama flirtear por un euro. Cuanto más te halague, mayor será la propina. Incluso hay hombres que creen que una mujer se irá a la cama con ellos porque le dan diez euros de propina en vez de cinco. Lo único que conseguirás con ello es que te atienda con mayor rapidez.

Bien, ahora consideraremos algunos gestos específicos de las camareras que pueden indicar un auténtico interés.

■ Sólo tiene ojos para ti

Hace esperar a los demás clientes mientras te escucha. Y también es una señal positiva si permanece del mismo lado de la barra en que tú estás sentado.

■ Evita el aspecto sexy de su trabajo

No intenta seducirte para que abras la cartera y se queja de lo duro que es servirle copas a los borrachos babosos que sólo están interesados en su cuerpo... y tú no eres así, ¿verdad?

■ Personaliza la conversación

Le gusta hablar de cosas más importantes que el sexo, las copas, los coches y el dinero. Contigo disfruta hablando de cosas personales.

■ Te pregunta qué lugares frecuentas

Quiere saber qué haces en tus ratos libres.

■ Te pregunta si tienes novia

Está investigando el terreno y quiere averiguar si estás disponible.

■ Te dice lo que quiere hacer en la vida

Tiene ambiciones y te informa de que su plan no consiste en dedicar su vida a servirle copas a un montón de imbéciles.

Todos estos indicios deberían indicarte cuánto interés siente por ti.

NUNCA HAGAS LO SIGUIENTE

■ Comprarle una de esas rosas que algún gilipollas oportunista intenta vender en los bares.

■ Invitarla a copas toda la noche. Quizá no esté autorizada a beber mientras trabaja y se limitará a servirse agua y guardarse el dinero (o creerá que eres uno de esos que se aprovechan de una chica borracha).

■ Pedirle cócteles complicados para demostrar cuán sofisticado eres. Está ocupada y ya conoce el truco.

HAZ LO SIGUIENTE

■ Ármate de valor para dar un paso firme, de preferencia antes de que sirvan la última copa (sólo los auténticos borrachos cierran el bar, y lo más probable es que los aborrezca). Invítala a tomar un café o a dar un paseo, pero asegúrate de conseguir su número de teléfono.

No seas celoso

Salir con una camarera supone cierto riesgo, sobre todo si eres celoso. Recuerda que además de ti, hay diez hombres más que tratarán de ligar con ella todas las noches. ¿Podrás soportarlo?

Recuerda que si ella quiere engrosar su paga, tendrá que flirtear y llevar ropa sexy. ¿Podrás soportarlo?

Recuerda que tendrás que esforzarte por satisfacerla porque siempre habrá otro pretendiente esperando la oportunidad de ocupar tu lugar. ¿Podrás soportarlo?

Si tu respuesta a cualquiera de estas preguntas es no, quizá deberías pensártelo dos veces antes de embarcarte en una relación con una camarera. De lo contrario, disfruta del sexo en la playa.

CÓMO LIGAR EN EL GIMNASIO

Aunque no te lo creas, el gimnasio es uno de los lugares donde es más fácil conocer mujeres. Para un individuo promedio, resulta bastante fácil abordar en el gimnasio a la mujer que le gusta.

Sé realista y no esperes resultados inmediatos de tu estrategia. Debes ser paciente y dar unos pasos previos antes de hablarle. Una vez que estés preparado, podrás poner manos a la obra.

Es importante tener en cuenta el motivo principal por el cual la gente acude al gimnasio. Si sólo acudes con el fin de ligar con mujeres, alcanzar tu objetivo resultará más complicado.

En cambio, si te centras y recuerdas que el motivo principal para acudir al gimnasio es ponerte en forma, no tendrás problemas para cazar una presa.

He aquí cinco objetivos. Si los logras, serás el rey del gimnasio y las mujeres estarán encantadas de conocerte.

1. **Hazte amigo de los dueños y del personal.** Lo lograrás diciendo «Hola» y charlando un poco todos los días.

2. **Aprende las técnicas correctas.** Es importante por dos razones: primero, para asegurarte de que haces los ejercicios correctamente, y segundo, porque más adelante podrás indicarle a una mujer cómo hacerlos.

3. Ponte en forma. La competencia es feroz y el gimnasio está repleto de musculosos rivales cabezas de chorlito. A las mujeres no siempre les gustan los hombres-mono, pero sí los individuos que están en forma.

4. Alterna con todos, incluso con los hombres. Es importante porque adquirirás popularidad con rapidez y todos te considerarán un tipo simpático. Así, cuando abordes a una mujer, supondrá que te limitas a ser amistoso, como con todos.

5. Habla con todas las mujeres. Eso incluye a las gordas, las robustas, las guapas y las normales. Las mujeres son de naturaleza celosa y muy competitiva, y cuando ven que un hombre popular habla con todas, ellas también querrán formar parte de ese grupo.

Cuando una chica nueva —y guapa— acude al gimnasio, todos la evalúan. Algunos se le acercarán de inmediato, pero tú limítate a saludarla y procura conocerla un poco. Aprovecha la presencia de los otros hombres. Observa sus errores y lo que has de evitar antes de intentarlo. En otras palabras, establece un contacto no amenazador y después espera a que te dé una señal clara de que quiere salir contigo.

QUÉ HACER Y QUÉ NO HACER AL LIGAR EN EL GIMNASIO

Algunos hombres no tienen ni idea de cómo comportarse en un gimnasio. He aquí algunos consejos para que alcances tus cinco objetivos principales con más rapidez.

ACTITUDES POSITIVAS

■ Sonríe, di «Hola» y déjala tranquila mientras hace gimnasia, a menos que te invite a hacerle compañía.

■ Si ves que una mujer está luchando con las pesas, toma nota pero no lo utilices como excusa para alternar con ella, a menos que te invite a hacerle compañía.

■ Indícale amablemente que está haciendo mal el ejercicio y después déjala tranquila, a menos que te invite a hacerle compañía.

■ Dile que quieres usar el aparato que está usando ella, pero no lo uses como excusa para pedirle el número de teléfono, a menos que te lo dé, claro.

■ Sé gracioso y encantador: si ves que su botella de agua está vacía, dile que se la llenarás (tras comprobar que no lleva puestos los auriculares). O si no tiene botella, tráele un vaso de agua y di: «Pareces sedienta.» No te pongas serio, aprovecha la oportunidad para iniciar una conversación.

ACTITUDES NEGATIVAS

■ Si las miras fijamente y las sigues por todo el gimnasio te acusarán de acecharlas.

■ No hagas flexiones delante del espejo: parecerás una prima donna, y no gruñas ni jadees como un gorila macho. Parecerá que o bien experimentas un orgasmo autoinducido o sufres una tortura china. Jadea lo menos posible.

■ Las mujeres aborrecen a los hombres que no cuidan su higiene. Si sudas en exceso, hueles o nunca limpias los aparatos, ni te molestes en acercarte a una mujer. Tu aliado más importante es el desodorante.

- Oler a limpio es productivo, pero evita bañarte en colonia y vestirte como si fueras al baile.

- No hagas comentarios ni cumplidos como «bonitas piernas», «¡qué trasero tan perfecto!» o «se nota que haces mucha gimnasia: tienes una figura estupenda».

- Los silbidos de admiración y otras cosas por el estilo sólo harán que parezcas un papanatas desesperado con un defecto del habla.

- Nunca toques a una mujer al ayudarla con las pesas, sobre todo si aún es una perfecta extraña.

- Ni se te ocurra mencionar el sexo o hacer un comentario insinuante: las mujeres se sentirán sumamente incómodas.

- Preguntarle a una mujer si tiene novio o está casada equivale a mostrar tus cartas en el póquer. Debes ser paciente y llegar a conocerla; si está disponible, te lo hará saber.

CÓMO LIGAR CON UNA AZAFATA

Para la mayoría de los hombres fantasear con las azafatas de los aviones y con formar parte del club de quienes han follado en un avión es sólo eso, una fantasía. Saben que sólo dispones de unas horas, así que lo consideran francamente una misión imposible. Sin embargo, gracias a algunas indicaciones, unas horas pueden ser más que suficiente. Manéjate con soltura, sigue estos consejos y a lo mejor ascenderás de categoría y acabarás volando en primera.

Siéntate en la parte posterior del avión

Haz todo lo posible para conseguir un asiento en la parte trasera, cerca del puesto del personal de cabina. Tendrás más oportunidades de entrar en contacto con ella cuando no esté ocupada y ver cómo es (y si merece la pena). Mantén el oído aguzado por si habla de un novio u otro tema que te impida llegar a nada. No vale la pena jugártela si ella no deja de hablar de cuánto extraña a Mickey o de su eccema incurable.

Averigua su itinerario

Antes de acercarte, procura informarte al respecto. Además, averiguar los detalles de su itinerario te servirá para romper el hielo. Si antes de volver a embarcar sólo permanecerá dos horas en el aeropuerto, no te molestes: no dispondrás de tiempo para cosechar el premio a tus esfuerzos. E ídem de ídem si está camino de casa: estará a punto de volver a su vida cotidiana y, en ese caso, abordarla sólo servirá si lo que pretendes es algo más serio. Si eso es lo que estás buscando, adelante, pero supone un importante semáforo en rojo si lo que quieres es un encuentro más superficial.

Lo más adecuado es una azafata que permanezca un par de días en una ciudad extranjera. Seguramente tendrá ganas de salir... y podría hacerlo contigo. Lo ideal sería que su escala fuera en tu propia ciudad: podrás mostrársela y al mismo tiempo hacerle pasar un buen rato. Si tienes suerte, te lo agradecerá con algo más que un «muchas gracias».

Elige el momento oportuno para entablar conversación

Como estará ocupada, juzga cuál es el mejor momento. Dispondrás de más tiempo en un vuelo de ultramar, mientras que en uno de cabotaje tendrás que ser más rápido.

Dure lo que dure el vuelo, olvida los momentos previos a servir una copa o la comida, porque estará muy ocupada. Has de entablar la comunicación antes de que empiece a empujar esos carritos y después dejar que cumpla con sus obligaciones, así que no dispondrás de muchas oportunidades. Claro, si fuera tan sencillo todo el mundo se pasearía con un par de azafatas colgadas del brazo.

Habla de cosas que tengáis en común

Cuando se presente la oportunidad de hablar con ella, debes encontrar un terreno común con rapidez. Lugares donde has estado, lugares a los que quieres ir, experiencias graciosas que te hayan ocurrido durante un vuelo... todos temas que ella conoce. Pregúntale sobre sus experiencias con pasajeros insoportables: ayudará a que baje la guardia y te permitirá echar un vistazo a la persona que se oculta detrás de la sonrisa profesional.

Ése será el momento de desarrollar todo tu encanto (pero no te pases: podría volver a ponerse la máscara). Si al principio no se genera ninguna chispa, habrás de proceder de manera impecable para que funcione. No caigas presa del pánico; retírate y espera a que se presente otra oportunidad.

HAZ LO SIGUIENTE

■ Lleva ropa cómoda pero sobre todo elegante. Tenlo en cuenta cada vez que vueles, y muy en particular cuando quieras ligar con una azafata. Es inevitable que la ropa se arrugue durante el vuelo, así que ponte pantalones resistentes a las arrugas y una camisa de cuello almidonado.

■ Toma un par de copas, pero no te emborraches. Si lo hicieras, claro que te recordará; pero desgraciadamente como aquel borracho pesado que se obstinaba en ligar con ella.

■ Llámala por su nombre. Los demás pasajeros (los que no intenten ligársela) le dirán «azafata»; ella lo notará y lo apreciará.

■ Lleva un libro o una revista que la impresione. Lee *The Economist* o *El Gran Gatsby*: parecerás muy sofisticado.

■ Ve al grano. Dispones de poco tiempo, así que no te vayas por las ramas.

NO HAGAS LO SIGUIENTE

■ Molestarla sin cesar sólo para llamar su atención: quedarás automáticamente descalificado. Si no dejas de llamar al timbre, lo único que conseguirás es ser el último al que le sirven las galletas.

■ Apestar. Tal vez parezca obvio, pero muchos viajeros tienen mal aliento y huelen a sudor. Pero tú no, ¿verdad? Tu equipaje de mano debe contener enjuague bucal, desodorante y un frasquito de colonia.

■ Tratar de darle propina. Ella no es una camarera y sólo lograrás ofenderla.

■ Pedir bebidas exóticas u otras cosas raras, sólo para destacar. Aunque tu tarea consista en ligártela, la suya consiste en ser una azafata. Debes tener en cuenta que está trabajando, y recuerda: nadie dijo que esto sería fácil.

■ Insinuar que quieres asociarte al club de los que follan en los aviones. Cuando hace tiempo el primer borracho imbécil le hizo la misma insinuación socarrona a la azafata, no le hizo ninguna gracia, y hoy aún menos.

Las azafatas ven miles de caras a la semana y una buena proporción de hombres intentan flirtear con ellas. Así que llamar la atención de una azafata y obtener algún beneficio de ello quizá parezca prácticamente imposible. Bueno, en cierta ocasión alguien dijo que los vuelos tripulados eran imposibles, pero hoy los cielos están llenos de aviones y esos aviones están repletos de azafatas a punto de caramelo, a condición de que te lo tomes con calma y pongas en práctica algunos de estos consejos. En ese caso, y con un poco de suerte, todo es posible.

LIGAR DURANTE UN VIAJE DE NEGOCIOS

Aunque los viajes de negocios pueden ser fatigosos, merece la pena convertirlos en memorables. Aprovecha todas las oportunidades y encuentros que un entorno diferente te permita explorar. Con el tiempo, puede que ni siquiera los consideres como viajes de negocios.

Incluso si antes de llegar a la ciudad no conoces a nadie, siempre lograrás divertirte si despliegas tu talento para alternar y tu gusto por lo nuevo. ¿Cómo averiguar adónde ir? Descubrir la mejor manera de pasar un período de tiempo limitado en una ciudad es bastante sencillo, una vez que descubras a quién preguntarle. Sólo requiere confianza y un poco de práctica.

Pregunta a los empleados de la empresa

Si visitas una sucursal de tu empresa, diles a los empleados que te recomienden un bar, una discoteca o un restaurante, y asegúrate de que entiendan que buscas un lugar donde un soltero pueda encontrarse con mujeres. Si le preguntas a una mujer, debe ser alguien con quien te gustaría ir a ese sitio. Si es un hombre, puedes ser más directo y preguntarle por lugares de moda muy animados.

Si acudes a una reunión social organizada por la empresa, no deberías tener ningún problema para encontrar a otros empleados que, al igual que tú, están esperando la oportunidad de largarse a un lugar animado. Preséntate y únete a ellos.

Consejo: Si ya has establecido contacto con una colega en la ciudad que visitas, flirtea con ella antes del viaje de negocios. Si una vez llegado allí te resulta atractiva, tendrás media batalla ganada, y de lo contrario ella no dudará en echarte una mano. Quién sabe, a lo mejor tiene amigas que te gusten.

Pregunta al conserje

Aunque tal vez te recomiende lugares turísticos, dile que quieres conocer mujeres del lugar en locales de moda.

Pregunta a una camarera

A éstas suele gustarles salir, y si dices que estás en la ciudad por negocios, las impresionarás. Incluso puedes hacerlo en el bar o el restaurante del hotel.

Pregunta a la dependienta de una tienda

Lo ideal es preguntar en una tienda de ropa, porque la venta lleva más tiempo y dispondrás de tiempo para conocerla y descubrir si sus gustos son compatibles con los tuyos (también te darás cuenta a través de las prendas que intenta venderte).

Sal a ligar

Una vez que has elegido el sitio, pon manos a la obra. Si tienes suerte, quizá te las ingenies para conocer tanto el sitio como a quien te lo recomienda (¡y a sus amigas!): una cita informal instantánea. Pero si no resultara así, todavía hay otras maneras de conocer gente en un viaje de negocios.

Acércate a un grupo de mujeres, o a una sola

Juega la carta de «soy forastero» y sé sincero, pero no mojigato. Preséntate como un viajero universal, curioso por conocer la ciudad. Recuerda: insinúate con sutileza.

Muéstrate simpático con todos, hombres y mujeres

Entablar una conversación con otro hombre en una discoteca te proporcionará un compinche, incluso si éste no se da cuenta. A las mujeres diles cosas como: «Mi amigo dice que las mujeres del lugar son amables y abiertas. ¿Es verdad?» Si tienes éxito y sobre todo si él recibe buenas vibraciones de las damas, estará encantado de que seas su portavoz.

Recuerda que eres un forastero solitario, pero no un desesperado: eres un hombre sofisticado e interesante dispuesto a proporcionar una oportunidad tentadora a las mujeres del lugar. Piensa que lo eres... y lo serás.

SIETE LUGARES VERANIEGOS PARA LIGAR

Tanto en las ciudades pequeñas como en las grandes, en verano la gente lleva ropa más ligera y reveladora. Las personas se sienten más relajadas y no tienen tanta prisa para ir de un local cerrado a otro. Eso significa que tendrás más oportunidades de conocer mujeres.

En verano abundan los entornos idóneos para ligar y hablaremos de ellos más adelante. Mientras tanto, recuerda que la confianza femenina aumenta cuando intentan ligar con ellas llevando ropa más sexy.

La ropa más ligera y más sexy a menudo indica algo más que un cambio de estación. Es normal que la nueva estación provoque cambios en la perspectiva emocional de las personas. Como saben que en verano es más fácil atraer a los hombres, muchas mujeres están más dispuestas a abandonar una relación mediocre y salir con otro.

Quieren probar algo nuevo... y ésta es tu oportunidad de proporcionárselo.

Cualquier lugar donde haya mujeres simpáticas resulta idóneo para ligar. Pueden ocurrir cosas en cualquier momento y lugar. He aquí ocho lugares veraniegos ideales, junto con consejos para optimizar tu porcentaje de éxitos.

1. Las inauguraciones

No hay nada como pasar una noche de verano en el patio de un bar recién inaugurado. Además, las inauguraciones suelen reunir personas dispuestas a probar cosas nuevas para pasarlo en grande. Es probable que te encuentres con gente deseosa de pasarlo bien, como tú. Siéntate en la terraza y elige tu presa.

Cómo aprovechar el entorno: Una inauguración supone un entorno ideal para alternar, pero como el local aún no tiene un ambiente o una reputación establecida, las mujeres no estarán esperando que ligar con ellas necesariamente y será más fácil abordarlas porque no estarán a la defensiva. Puedes hablar del menú, de la decoración o de cualquier otro aspecto del local para iniciar la conversación.

2. La playa

A los hombres les encanta mirar a las mujeres, sobre todo cuando llevan bikini; pero mirar, y especialmente lanzarle miradas lascivas, no te llevará a ninguna parte. Acércate a las chicas e invítalas a practicar un deporte, como jugar al voleibol o al *frisbee*.

Cómo aprovechar el entorno: Invítala a formar parte de un equipo de voleibol y monta una partida, o únete a un equipo.

3. Eventos empresariales

En verano, las grandes empresas organizan *picnics*, *happy hours*, cócteles, etc. Asiste a todos los que puedas y charla con colegas femeninas de otros departamentos u otras empresas durante un *happy hour*. Pero deberás ser todavía más listo que de costumbre, puesto que una mala jugada podría afectar tu reputación entre los colegas. Cuanto más próxima sea la relación laboral con tu presa, tanto más precavido habrás de ser.

Cómo aprovechar el entorno: Éste fomenta los vínculos sociales y la conversación. Puede que no conozcas a cierta mujer de tu empresa, pero aun así compartís algo. Al igual que en las reuniones sociales en una casa de campo, el hecho de que ambos estéis allí ya supone que tenéis algo en común; aprovéchalo para entablar una conversación.

4. El parque

Cualquier lugar muy concurrido como éste tiende a atraer a las mujeres, ya que les gusta observar a los demás, incluso más que a los hombres. Además, las mujeres que optan por acudir a un parque quizá tiendan a ser más relajadas, una característica importante en una posible pareja si lo que quieres es un encuentro divertido e informal.

Cómo aprovechar el entorno: Es evidente que pue-

des hacer muchas cosas en un parque, pero ciertas actividades fomentan el contacto con extraños:

■ Pasear con tu perro. Un chucho juguetón supone una buena excusa para conocer a todo tipo de
personas.

■ Un *frisbee* resulta útil para atraer la atención de
una mujer sin tener que recurrir a las palabras. Mírala a los ojos y arrójaselo, una manera espontánea
y divertida de romper el hielo.

5. Conciertos y festivales al aire libre

Ofrecen una excelente oportunidad para entablar conversación con muchas mujeres que tienen ganas de bailar,
beber y divertirse. Aprende los estribillos de algunas can-
ciones del grupo que toca esa noche y prepara tu meche-
ro para el bis. Más fácil —y más barato— es acudir a los
conciertos de los grupos menos importantes que tocan en
los festivales gratuitos de jazz y de música folk. Es un
buen lugar para encontrar mujeres de gustos eclécticos y
menos caros.

Cómo aprovechar el entorno: La necesidad de hablar
es menor y, si el volumen es elevado y la música es buena,
sería una estupidez que lo hagas. Sé galante y llévale una
copa o una botella de agua para que no tenga que ir a bus-
carla al tenderete. Ten en cuenta que si está con un grupo
de chicas (sin chicos) podría indicar que es soltera, al igual
que sus amigas.

6. Acampadas

Reúne a algunos amigos e intenta ligar con las mujeres del *camping*. Resultará bastante fácil puesto que obviamente compartís un interés: la acampada. Enciende una hoguera y canta acompañándote de una guitarra, pasea hasta el lago o la playa a la luz de la luna (a las chicas les encanta), retírate a tu tienda o pasea por el bosque. Esas situaciones fomentan los idilios y las aventuras.

Cómo aprovechar el entorno: Lleva comida *gourmet* pero campestre y fácil de compartir, como ostras ahumadas o setas con queso, por ejemplo. Estos manjares, junto con exquisiteces sensuales como una *fondue* de chocolate y frutos frescos, demuestran tu capacidad organizativa, la impresionarán y te pondrán al mando. También lleva cerveza, vino o sangría para compartir con las chicas del *camping*. A lo mejor la noche es fría y te proporcionará la oportunidad de abrigarla e incluso invitarla a compartir tu saco de dormir. Y como estáis en medio de la naturaleza, tal vez sus instintos animales se despierten.

7. Lugares turísticos

Muchas forasteras estarán de vacaciones en estos lugares, que gozan de gran popularidad. Invítalas a conocer el lugar, siempre con la opción de hacer «una pausa» en tu picadero. Los hostales son muy apropiados para conocer turistas del sexo femenino, y también la zona de bares.

Cómo aprovechar el entorno: Antes de invitarlas a visitar los lugares de interés, demuéstrales que eres un tipo sincero, de lo contrario sus sospechas normales de forastera podrían dar al traste con todo el asunto antes de empezar. Además, has de evitar por todos los medios parecer un guía turístico profesional; debes presentarte como un individuo normal que desea acompañar a una mujer excepcional. Una vez que hayáis compartido algunas risas, te convertirás en su guía gratuito que no sólo conoce la historia del pueblo sino los pequeños restaurantes ocultos y los locales nocturnos más interesantes, donde los porteros (con quienes ya has establecido una buena relación) te franquearán el paso sin problemas.

ENCONTRAR MUJERES PARA PRACTICAR SEXO EN INVIERNO

Que fuera haga frío no significa que tu libido esté en estado de hibernación, ¿verdad? Sigue leyendo para descubrir cómo prepararte para el clima frío con antelación y de ese modo, como las ardillas, disponer de nueces hasta la primavera.

En invierno todos nos sentimos menos aventureros. Algunos hemos engordado un par de kilos, llevamos más ropa y ésta a veces puede parecer un cinturón de castidad. Además es más complicado desde un punto de vista logístico: hay que tener en cuenta todas esas prendas exteriores y no puedes quedarte ahí fuera intentando descubrir qué hacer.

En otoño a la gente aún le sigue hirviendo la sangre y le urge aprovechar lo que queda de buen tiempo.

Por todos estos motivos, en otoño has de prepararte concienzudamente para asegurar que dispones de numerosas oportunidades durante el invierno. Ponte en contacto con lo que sembraste en primavera y verano y que ha tardado más tiempo en germinar —debido a llamadas sin contestar, exceso de trabajo, etc.—, porque a menudo fructificará en otoño. El truco consiste en elegir lo mejor de la cosecha para que te dure durante todo el invierno.

Como tus relaciones invernales serán un poco más duraderas que las de los otros meses, en el caso de una pareja para el invierno tal vez deberías tener en cuenta las siguientes características:

■ No tiene demasiadas exigencias emocionales: siempre es un punto importante, pero sobre todo si pretendes alargar una relación informal sin comprometerte demasiado.

■ Le gusta quedarse en casa: significa que tendrás menos competencia.

■ Tiene coche: supone una mayor flexibilidad cuando tengas ganas de invitarla a tu casa.

■ Vive cerca: resulta más práctico. Además, no se equivocará creyendo que es importante para ti, puesto que no has de recorrer kilómetros para verla.

■ Sus horarios se parecen a los tuyos: trabaja de 9 a 17 horas, por ejemplo, y no durante el turno de noche, y tampoco tiene horarios de estudiante. Esto se traduce en menos complicaciones para ti.

DEJA CLARAS TUS INTENCIONES

No olvides que si encuentras una mujer que encaje con varios de estos criterios para convertirse en una buena aventura invernal, no debes prometerle nada sólo para asegurarte su conquista, y tampoco le prometas que las cosas se prolongarán. Si no quieres acabar de novio, aclúralo de entrada.

Y tampoco olvides sacar provecho de algunas de tus conquistas pasadas; llámalas por teléfono para reavivar horas ardientes, ahorrándote así todo el trabajo preliminar.

Claro que el invierno puede ser largo, pero no si trazas tus planes con antelación. Cuando lleguen los días fríos, has de ser un buen *boy-scout* y estar siempre preparado.

REGLA 5: SITUAR LA ESCENA

Has causado muy buena impresión y ahora ella irá a tu picadero para que la hechices... y eso supone otra oportunidad para afirmar —o desbaratar— esa primera impresión. Nunca menosprecies el papel jugado por el entorno en una seducción exitosa. Tú decides. ¿Se dejará impresionar por la limpieza y la decoración, o el primer vistazo a tu cuchitril mugriento hará que quiera huir?

LO ÚLTIMO EN PICADEROS

Todos sabemos que si una mujer que acabas de conocer accede a ir a tu picadero, las cosas marchan estupendamente y ya has superado lo más difícil.

Además de tu conducta, la mejor manera de preparar el ambiente es disponer de un apartamento maravilloso y acogedor. Una decoración sofisticada y algunos detalles básicos bastarán para convertir tu conquista en una aventura para ella, y por tanto también para ti.

Una cosa es tener un picadero elegante y moderno; otra uno en el que no puedas moverte con comodidad. La clave consiste en elegir muebles de buen gusto pero funcionales y confortables. Un apartamento a la última también debe ser cómodo, para que puedas holgazanear después de trabajar duro todo el día. Has de poder disfrutar de una película repantigado en tu magnífico sofá de piel sin preocuparte por mancharlo.

Tu hogar debe ser tu hogar; debería coincidir con tu estilo y tu gusto: no olvides que pasarás gran parte del tiempo allí.

He aquí algunos objetos esenciales que debe albergar tu apartamento para impresionar a las damas. El objetivo de muchos de ellos no es sexual, más bien se trata de crear un ambiente para que se sienta cómoda y sus inhibiciones remitan.

Colecciones

Arte

Nada de pósters de cervezas u objetos de colores fluorescentes. Los pósters antiguos están en la onda, pero debes enmarcarlos: clavarlos con chinchetas en la pared o pegarlos con celo es cosa de estudiantes. Las pinturas originales son siempre un punto a tu favor, a condición de que sean de calidad (y eso podría superar tu presupuesto). Sé original: si eres un buen fotógrafo, enmarca algunas fotografías y cuélgalas en las paredes.

Libros

Dispón en una buena estantería libros que te gusten de verdad (quedarás como un pretencioso si ni siquiera has leído los que están a la vista). Los libros ilustrados de gran formato con temas como el arte, la arquitectura o los viajes también ayudan a romper el hielo y ella podrá hojearlos cuando tú estés ocupado.

Objetos antiguos

Una colección de viejas cámaras fotográficas, aparatos, pósters o discos de vinilo antiguos darán la impresión de que tienes diversas aficiones.

¿En qué te servirán para llevártela a la cama? Semejantes objetos de carácter cultural, sobre todo tus propias fotos, te proporcionarán un trampolín para iniciar numerosas conversaciones y además harán que parezcas (incluso puede que lo seas) una persona que aprecia lo bello y los detalles, en vez de uno de esos bebedores de cerveza que marca sus conquistas con una muesca en el pilar de la cama. Inconscientemente, una mujer considerará que tu interés por la cultura indica buen gusto, y tu interés en ella hará que se sienta gratificada. Mostrándote de esa manera, la habrás halagado sin decir una palabra. Además, más que un apartamento funcional, las mujeres aprecian un hogar bien decorado y se sentirán más relajadas, estarán menos inhibidas y más dispuestas a retozar.

Crear un buen ambiente

Un buen estéreo

Indica que tienes buen gusto, que te agrada la música y además realzará tu disfrute de la situación presente. Hazte con unos altavoces sin cables: proporcionan un toque de distinción.

Colección de CD

Siempre has de tener a mano unos CD que agraden a las mujeres. Eso no significa que salgas corriendo a comprarlos; elige los que ya han sido elogiados por otras. Y ni se te ocurra poner uno de *heavy metal* finlandés.

Iluminación sensual

Tanto los conmutadores que permiten atenuar las luces como las bombillas de colores suponen una ventaja. También puedes usar velas, puesto que añaden encanto al ambiente. Evita las lámparas de lava, a menos que intentes un *look kitsch*.

¿En qué te servirá para llevártela a la cama? Estos detalles crean un ambiente confortable a un nivel mucho más inconsciente que las pinturas y los libros. Si no me crees, intenta seducir a una mujer bajo un tubo de luz fluorescente y con *heavy metal* en el estéreo.

Atrezos naturales

Un perro mono pero varonil

Comprar un perro para ligar es un tema en sí mismo, pero bastará con decir que si piensas conseguir uno, que sea simpático y mono, pero no demasiado: no querrás que la mujer crea que estás cuidando el perro de una amiga. Descarta los caniche o los shih tzu y opta por un doguillo, un terrier Jack Russell o incluso un labrador.

Un acuario con peces exóticos
Son menos adorables que un perro, pero a las chicas bonitas les agradan las cosas bonitas.

Plantas
La vegetación (nos referimos a las plantas, no al acto de vegetar) añade un toque estético y hogareño. Aunque las plantas no se te den demasiado bien, has de tener al menos una en un rincón, por si a ella le gustan.

¿En qué te servirá para llevártela a la cama? Todos estos detalles son una prueba de que eres capaz de cuidar de algo, y demostrarán que pronto tú te ocuparás de sus necesidades.

Detalles complementarios

Alfombras bonitas o suelo de madera
Ni la moqueta ni el linóleo resultan agradables para los pies.

Un piano
Proporcionará un toque de distinción a tu picadero. Si no puedes permitirte un piano, hazte con otro instrumento, por ejemplo una guitarra o un saxofón. Sería mejor que sepas tocarlo, pero siempre podrás decir que le da un toque hogareño a tu apartamento y que piensas aprender a tocarlo algún día.

¿En qué te ayudará a llevártela a la cama? Al igual

que todos los detalles estilísticos en general, éstos redondean la imagen y te otorgan un cierto *je ne sais quoi*.

El dormitorio

Cama extra grande

Imprescindible para retozar y un buen descanso posterior. Una cama grande resulta muy seductora.

Cubrecamas, sábanas y almohadas confortables

Sábanas de algodón de máxima calidad, o incluso de seda o satén; las mujeres se fijan más en esas cosas que los hombres. Compra sábanas lo bastante confortables como para que ella quiera meterse en la cama.

Aceites para masajes

Ideales para los juegos eróticos. Si dispones de uno de sus aromas preferidos (jazmín, vainilla, etc.), ella se rendirá con facilidad: el truco consiste en no tocar sus zonas erógenas durante el masaje. Después dile que te devuelva el favor.

Aceites perfumados o incienso

Lo dicho: los perfumes ejercen un gran efecto sobre el estado de ánimo (piensa en el pan recién hecho y la salivación que provoca), y un aroma idóneo creará un ambiente exótico. Pero el efecto de un aroma no es proporcional a la cantidad: si te bañas en colonia es más probable que, más que atraerlas, provoques el rechazo de las mujeres.

¿En qué te ayudará a llevártela a la cama? Tu dormitorio debe ser muy confortable, un auténtico palacio del placer, y todos estos detalles servirán para incrementarlo. Además, el confort reduce las inhibiciones.

Comida y bebida

Un bar bien provisto
Ten a mano vino blanco fresco y una variedad de las bebidas preferidas por las mujeres: vodka, ginebra y, para las más alocadas, tequila. Combínalas con zumo de frutos rojos, de naranja o piña, y también con tónica.

Una botella de champán helado
Quizá quedes mejor si ella ya sabía que la invitarías a tu apartamento (la compraste pensando en ella), pero siempre puedes aducir que la tenías por casualidad.

Fresas
Resultan excelentes con champán y también son bastante sensuales. Dáselas en la boca, deja que ella haga lo mismo y después ambos podréis devoraros mutuamente.

Chocolate
¿Acaso conoces una mujer a la que le disguste?

Cafetera de expressos
Le da un toque lujoso a tu hogar para las aficionadas al café, y servirá para iniciar una conversación, o simplemente para mantenerla despierta y seguir follando.

¿En qué te servirá para llevártela a la cama? Cualquier mujer supondrá que dispones de alguna bebida, así que ¿por qué no algo sabroso y con clase? El champán convierte una ocasión en algo especial y también causa un mareo muy agradable. El chocolate combinado con fresas (o mejor aún, las fresas bañadas en chocolate) supone un toque refinado. Ten en cuenta que una mujer mimada tenderá a devolverte el favor... de alguna manera.

El baño

Bañera de hidromasaje
Hacerse arrumacos en la bañera es muy relajante.

Ducha de teléfono
Aplica el chorro a sus partes bajas y acaricia su cuerpo con los labios. Le encantará.

Albornoz de tela de toalla
Deja que se ponga el tuyo. Si vives solo y se supone que eres soltero pero hay dos albornoces en el baño, parecerás un ligón. Aunque ella se imagine que sales con otras, no se lo restriegues por las narices. Ponte calzoncillos tipo boxer o tal vez otro albornoz menos bonito y dile que es el «viejo».

¿En qué te servirá para llevártela a la cama? Todos estos detalles harán que se sienta cómoda en un espacio donde quizá no debería sentirse así. Puedes rematar una velada en una bañera de hidromasaje; enciende velas, sirve copas de vino y pon música suave. El albornoz ofrece la ventaja de ser fácil de poner y de quitar cuando quieres repetir, y entre asalto y asalto, ella se sentirá vestida sin tener que vestirse.

Nota: Quita cualquier remedio o ungüento embarazoso del botiquín, por si ella lo abre.

En general

■ Deshazte de los objetos superfluos. Tu picadero ha de estar limpio pero no abarrotado.

■ Limpia tu picadero. Un lugar medio vacío y sucio causará una mala impresión.

■ Utiliza ambientadores para que tu apartamento huela a fresco. También puedes utilizar popurrí, incienso o aceites aromáticos y algunas plantas.

■ Ha de haber cajas de pañuelos de papel a mano para cualquier emergencia, y el papel higiénico del baño debe ser suave y perfumado: un detalle pequeño pero importante.

Lo que intento decirte es que el entorno afecta el estado de ánimo. A diferencia de la relación entre el dinero que gastas en ropa o juguetes sexuales y cuánto te divertirás, tal vez te resulte difícil comprender la que existe entre lo que gastas en tu apartamento y lo bien que lo pasarás, pero créeme: las mujeres se fijan mucho más en estos detalles que los hombres.

Así que tras el esfuerzo por atraer a una mujer, ¿por qué no asegurarte de que ambos disfrutaréis al máximo del encuentro gracias a un entorno confortable que reducirá las inhibiciones de ella?

CONVIERTE TU PICADERO EN UN LUGAR PROPICIO PARA EL SEXO

He aquí algunos otros detalles que podrías tener en cuenta para esas ocasiones en que ella decide pasar la noche contigo.

Controla el desorden

En contra de lo que suele creerse, las mujeres no quieren que limpies tu apartamento a fondo antes de visitarlo por primera vez. Quieren que esté como siempre. Si está exageradamente limpio y ordenado parecerá que te has tomado demasiadas molestias. Y eso las pondrá nerviosas e incómodas. Por tanto, un poco de «desorden» le otorgará un aspecto normal.

Desde luego, también podrías tener éxito pese a vivir en un lugar bastante desordenado, pero ¿para qué interponer más obstáculos en tu búsqueda de sexo? Así que mantén tu hogar más o menos limpio y ordenado, y evita que parezca que acabas de fregarlo con un cepillo de dientes.

Limpia el baño

Como la inmensa mayoría de las mujeres nace con el gen de la limpieza incorporado, el baño debe estar razonablemente limpio, porque si está mugriento, tendrán una razón más para no pasar la noche contigo. En el baño debe haber al menos dos toallas grandes y limpias, y una sólo para secarse las manos.

Compra detalles extra como jabón de tocador, un cepillo de dientes aún en su envase, pasta dentífrica y enjua-gue bucal. Y la esterilla debe estar lo bastante limpia como para que no le repugne pisarla.

Regula la temperatura ambiente

Una vez que ha caído en tus garras no querrás que se mar-che, así que el entorno ha de ser confortable. Ten en cuen-ta que las mujeres pueden ser muy sensibles a la tempera-tura. Puede que una temperatura de 18 °C no te afecte, mientras que ella estará tiritando, así que siempre has de tener una manta extra a mano.

Por otra parte, las mujeres aborrecen sudar. Si no dis-pones de aire acondicionado, merece la pena invertir en un buen ventilador.

Ropa de cama limpia

Las mujeres se fijarán en tus sábanas y fundas; asegúrate de que estén bien planchadas y limpias. Los aromas e imá-genes agradables suscitan reacciones agradables; asegúrate de que tus sábanas estén impolutas y huelan a suavizante.

Organiza algo que la entretenga

Pon el televisor frente a la cama. Así, cuando la haya ocu-pado, dispondrá de otro motivo para permanecer allí; ver una película después de follar podría ofrecerte la oportu-nidad de un nuevo asalto.

Prepara algunas prendas para ella

Siempre es una buena idea disponer de una camiseta y unos calzoncillos limpios para prestarle por si ella se queda a dormir.

Tu apartamento debe oler bien

Esto es muy importante. La ciencia ha demostrado que los estrógenos hacen que el olfato de las mujeres sea más sensible que el nuestro. Eso significa que lo que a ti te huele mal, a ella le huele peor, así que no guardes los zapatos ni la ropa sucia en el dormitorio. Enchufa un ambientador eléctrico de aroma cítrico o enciende algunas velas perfumadas.

En el juego de la seducción siempre supondrá una ventaja si consigues llevarte a la chica a tu picadero, así que asegúrate de que una vez traspasado el umbral, se sienta estimulada por todos los ambientes y no sólo en la cama.

REGLA 6: LO PRIMERO ES EL JUEGO ERÓTICO

A lo mejor tus nuevas técnicas han hecho que un desfile de amantes ocasionales circule por tu dormitorio. Quizás has ido un paso más allá y has conseguido una novia, incluso una futura esposa. En cualquier caso, has pasado del bar al dormitorio y deberás desarrollar nuevos talentos para acompañar dicha transición. Ha llegado la hora de convertirte en un buen amante, algo que empieza por lograr dominar el juego erótico.

LA IMPORTANCIA DEL JUEGO ERÓTICO

En cierta época se consideraba que el «juego erótico» era algo que un hombre debía hacer para preparar a su pareja para el acto sexual. Hoy se ha convertido en parte integral de toda la experiencia que supone hacer el amor. Es verdad que algunos encuentros casuales y sin juego erótico previo a veces son explosivos, pero la mayoría de las mujeres afirmarían que una relación sexual satisfactoria debería incluir una buena dosis de juegos eróticos y sensuales. Una estimulación más atenta proporcionará más placer a ambos miembros de la pareja y hará que la experiencia sea más agradable.

En su mayoría, los sexólogos afirman que nunca será demasiado el tiempo que se dedica a los juegos eróticos. El truco consiste en iniciar el acto sexual cuando ambos han alcanzado la máxima excitación y les cueste controlar su deseo.

¿Qué son los juegos eróticos?

Pueden incluir una amplia gama de actividades, como desnudarse, besarse, acariciarse y practicar el sexo oral. ¿Por qué son tan importantes? En primer lugar, los hombres que acarician y besan a sus parejas, y disfrutan con un escarceo sensible, a menudo descubren que sus parejas no sólo sienten mayor placer durante el acto sexual sino que también alcanzan el orgasmo con mayor frecuencia. La mayoría de las mujeres requiere una estimulación prolongada para excitarse por completo, y el juego erótico les proporciona ese estímulo.

Los mejores juegos eróticos

No existe tal cosa, y tampoco se trata de apretar las teclas correctas en el orden correcto. Se trata de comprender qué excita a tu pareja y hacer aquello que convierta la experiencia en algo muy placentero. Hay muchas maneras de provocarle sensaciones muy intensas y todo empieza por su cerebro. Dile que es muy guapa y cuánto aprecias su cuerpo sensual. Si halagas su aspecto —sobre todo si su autoestima es baja— lograrás que se sienta aún más confiada y excitada, y también será un buen motivo para que ella se esmere en estimularte a ti.

El entorno adecuado

Presta atención a los detalles románticos. Crear el entorno adecuado para el acto sexual es básico, sobre todo en las etapas avanzadas de una relación. Asegúrate de que la temperatura de la habitación sea agradable, la iluminación tenue y que las sábanas estén limpias. Cuando el clima sea propicio, desnúdala lentamente: desnudar a tu pareja puede desempeñar un papel importante en el juego erótico exitoso. Para muchos, desnudarse aumenta el erotismo y estimula e intensifica las sensaciones.

Los besos y los juegos eróticos

No te apresures, empieza por besarla y acariciarla. Un beso suele ser la primera expresión física del amor y el deseo, pero se tiende a olvidarlo durante el acto sexual. Mientras jugueteas, deberías besarle todas las zonas del cuerpo, no sólo la boca. Casi todas las mujeres se quejan de que sus parejas no las besan durante el tiempo suficiente y se apresuran a pasar directamente a sus genitales. Recorre todo su cuerpo con los labios y prolonga el jugueteo con más besos y más caricias.

Aprende jugando

Utiliza los juegos eróticos para aprender, porque es el momento ideal para descubrir qué le agrada a tu pareja y si no investigas un poco, nunca sabrás lo que ella realmente necesita para excitarse por completo. No seas tímido; pregúntale qué le gusta y dile lo que te gusta a ti. Una buena comunicación durante el juego y el acto sexual beneficiará a ambos. Sin interrumpir ese instante intenso, no dejes de preguntarle qué es lo que verdaderamente le gusta y la vuelve loca.

En general, si la experiencia sexual le resulta satisfactoria a ella, se asegurará de que tú también quedes satisfecho.

EL PODER DE LA EXPECTATIVA

La provocación y la anticipación desempeñan un papel importante en el sexo. Seguro que en numerosas ocasiones los escarceos previos han sido igual de satisfactorios —o mejores— que el acto sexual en sí. Dicho lo cual, es hora de aprender a hacerla desear y no satisfacerla de inmediato, para que ella (y tú) disfrutéis del sexo más que nunca.

Durante el día

Por la mañana, dile que has planeado algo excitante para esa noche pero no entres en detalles. Deja que fantasee con ello. Aunque resulte previsible si le dices que tu intención es seducirla, sus expectativas aumentarán si se pasa el día pensando en lo que ocurrirá esa noche.

Cuando regresa a casa

En cuanto llegue, llévala al baño, donde ya habrás llenado la bañera con agua tibia. Desliza una esponja por todo su cuerpo y después déjala sola para que se quite el jabón y se seque.

Cuando salga del baño, condúcela al dormitorio y tiéndela en la cama. Pon música sensual y dale un buen masaje.

Si lo has hecho correctamente, ella debería sentirse muy cómoda... y excitada.

Antes de besarla...

Recorre todo su cuerpo con los labios. Bésala alrededor de la boca y en las mejillas. Acaríciale el cuello con el aliento antes de besarla profundamente. Desplaza los labios por sus mejillas y su mentón. Después de volver a darle otro beso apasionado, retírate y déjala ansiando más.

Antes de jugar con sus pechos...

Toca sus pechos, rodéalos con la palma de las manos y desliza los dedos entre ellos. Roza sus pezones con la palma de las manos y después con los labios.

Antes de pasar al sexo oral...

Besa y lame la zona alrededor de la vagina y acaricia la cara interna de sus muslos. Después detente: se volverá loca, pero cuando vuelvas a empezar estará más excitada y más cerca del orgasmo.

CUATRO CONSEJOS PARA LOS JUEGOS ERÓTICOS

He aquí cuatro consejos que te permitirán convertir un juego erótico normal en algo que la llevará a suplicarte que la penetres.

1. Hablar y provocar
Para muchas mujeres, la sugestión tiene el mismo poderoso efecto que el acto sexual. Si logras describir cómo y dónde quieres tocarla y con qué partes del cuerpo, lo visualizará con facilidad y entusiasmo.

2. Iniciar el escarceo en público
Si las demostraciones públicas de afecto no provocan rechazo a tu amante, intenta hacer algunas cosas divertidas, como palmearle el trasero en un restaurante, besarla apasionadamente en el bar o restregarte contra ella al bailar en una discoteca.

3. Al desnudarte

No es necesario que te pongas a bailar delante de ella al quitarte los calcetines; quítate la ropa con lentitud (sobre todo si estás en forma). Empieza por los calcetines, después quítate la camisa, los pantalones y los calzoncillos.

4. Ved películas pornográficas y después bésala

Esta clase de películas es muy apropiada para ponerse a tono. Pon una película que os haga disfrutar a ambos (de preferencia una con otras parejas follando) y tendeos desnudos uno junto al otro.

Deja de mirar la peli de vez en cuando, bésala o juguetea con su cuerpo; has de prestarle más atención a ella que a la película.

He aquí cuatro maneras de volver loca a tu chica. Claro que no tienes por qué emprenderlas todas el mismo día. Incorpora la estimulación previa a tu vida, en cualquier momento y lugar. A condición de que todo sea animado, divertido y erótico, ella siempre regresará por más.

Antes de penetrarla...

Introduce los dedos o la lengua en su vagina durante un segundo. Penétrala con la punta del pene unos instantes. Tendrás que controlarte bastante, pero si lo logras entrará en frenesí.

Chúpale los dedos de las manos y los pies

Los dedos son muy sensibles y chuparlos provoca una sensación especial que agrada a casi todas. Introduce uno de sus dedos en tu boca, chupétéalo un poco y pasa al siguiente.

Juega con su cabello

Tócale el cabello y tira de él suavemente. Deslízalo por encima de su rostro y sus labios.

Bésala en las caderas

Desliza el dedo índice por encima del hueso de la cadera, junto a su vientre. Después deposita un besito a ambos lados de ese punto.

Desprovéela de uno de los sentidos

Véndale los ojos o sujétale las manos al cabecero y no le digas lo que harás. Después estimúlala deslizando diversos objetos por encima de su cuerpo o roza puntos estratégicos con los labios.

A la mayoría de los hombres les resulta bastante difícil crear expectativas, porque nosotros también tendemos a excitarnos. Pero con el tiempo y la práctica aprenderás a provocarla, a controlarte y a ser el mejor amante que ella jamás haya tenido.

SEIS DETALLES DEL JUEGO ERÓTICO QUE ELLA ABORRECE

Las mujeres son sumamente amables y a menudo pasan por alto ciertos detalles —pequeños pero irritantes— que ocurren cuando tú empiezas a acariciarla. En realidad, aunque tú creas que lo hace por vergüenza ajena, guarda silencio por vergüenza propia. Puede que la timidez le impida decirte lo que prefiere, así que calla y se aguanta.

Las siguientes sugerencias te ayudarán a evitar errores durante el juego erótico. Por más hábil que te consideres en este terreno, no dejes de leerlas para asegurarte de que no los cometes.

1. No seas demasiado brusco

En general, los hombres prefieren un toque más firme y agresivo, y tienden a tocar a las mujeres como les gustaría que los toquen a ellos, pero en realidad eso no funciona porque a la mayoría de las mujeres les agrada que las toquen con suavidad, es decir, que las acaricien. Así que la próxima vez que le hagas algo a tu chica y tengas dudas, intenta hacerlo con más suavidad y observa su reacción.

La regla: ante la duda, afloja. A ella le resultará más fácil decirte que seas más brusco que más suave. Empieza por tocarla con mucha suavidad y después incrementa la intensidad, sobre todo al practicar el sexo oral; así descubrirás qué le gusta sin tener que preguntar; su reacción te dirá si lo estás haciendo bien, o no.

2. No repitas el mismo movimiento

Si te frotan el mismo punto durante un buen rato el resultado es irritante. A menudo las mujeres se topan con un individuo que, después de decirle que algo «le gusta mucho», repite lo mismo una y otra vez. Y también lo repite cada vez que inicia el juego erótico, y a la larga eso resulta aburrido.

La regla: cambiar de actividad o de posición con regularidad es mejor que arriesgarse a una sobredosis de toques repetitivos (tanto para ti como para ella). La repetición sólo disminuirá su sensibilidad y acabará por aburrirla hasta las lágrimas. Mantén el interés —y su sensibilidad— tocándola en diversos lugares. Por ejemplo: empieza por besarla en la boca y después desciende a lo largo de su cuerpo con los labios, pasando del cuello a los pechos, los brazos (la parte interior del codo, del antebrazo y los dedos), el vientre, la cara interior de los muslos y la vagina, y en vez de detenerte allí, baja hasta los dedos de los pies o vuelve a besarle los pechos y el cuello.

3. No recurras a la rutina

Ser aburrido en la cama suele ser el resultado de una falta de imaginación y «entrenamiento». En vez de dejarnos dominar por la timidez y hacer lo que consideramos correcto (y quizás arriesgarnos a ser demasiado bruscos o repetitivos), debemos entrenarnos para obtener la confianza necesaria para intentar cosas nuevas.

La regla: se trata de aprender tanteando. Tócala de diversas maneras y con diversos grados de intensidad y pregúntale si le gusta. No olvides que ella también se está «entrenando» y descubriendo lo que le gusta y lo que le disgusta. Nunca supongas que, como no ha protestado, lo estás haciendo bien. Puede que no quiera pincharte el globo diciéndote que no eres el dios del sexo que crees ser. Si abandonas la idea de saberlo todo, ella no dudará en decirte cómo hacer según qué cosa. Sé un buen aprendiz y recibirás tu recompensa.

4. No seas agresivo al practicar el sexo oral

A algunas de tus parejas les disgustará el sexo oral. Puede deberse a diversos motivos, pero el principal será que no lo estás haciendo bien. Uno de los motivos principales es hacerlo con la boca seca, otro es hacerlo con violencia o incluso mordiendo. Y para acabar, también ese error habitual: abalanzarse directamente sobre sus puntos más sensibles.

La regla: Si piensas hacerle un cunnilingus, ten a mano una bebida. Beber un refresco dulce ofrece excelentes resultados porque te hará salivar. La saliva mezclada con el azúcar hará que tu lengua se vuelva resbaladiza. También puedes beber agua, pero no es lo mejor.

Empieza por rozarla con mucha suavidad y sigue hasta que empiece a agitarse y restregarse contra ti. Cuando lo haga, no te apresures: apártate para que la presión siga siendo la misma (al contrario de lo que ella desea). Eso la volverá loca (pero no prolongues el momento: podría acabar abofeteándote) y entonces podrás aumentar la presión. Tú sabes que, usada correctamente, una lengua caliente, relajada y resbaladiza provoca sensaciones celestiales.

Nunca se te ocurra morderle la vulva. Puede que morder otras partes del cuerpo con suavidad sea erótico (por ejemplo, la espalda o los glúteos), pero las zonas sensibles son precisamente eso: sensibles. En general, morder los pezones y la vulva está prohibido, a menos que ella te lo pida, porque hecho correctamente, morder puede resultar muy excitante. «Correctamente» significa sin hacer sangre, dejar una marca y/o hacer daño. A menos que ella te pida que la muerdas con fuerza, cuidado con esos colmillos.

Las mujeres siempre acusan a los hombres de «ir directamente al grano» y no tomarse el tiempo necesario para ponerlas a tono. Es bastante cierto, por desgracia.

Algunos de vosotros tenéis la mala costumbre de abalanzaros sobre la entrepierna tras un par de pellizcos en los pezones, un mordisco y un cachete en el trasero. Las mujeres tienen una necesidad de jugar mucho mayor que la vuestra y, si no respetáis este hecho biológico, puede que acabéis desesperados y solos. Tomaos el tiempo necesario para aprender a descifrar a vuestra pareja.

5. Pellizcarle los pezones

Es lo que hacen los hombres sexualmente incultos e indica con mucha claridad que no tienen ni idea. La verdad es que los pellizcos en los pezones no son eróticos ni sexys y resultan desagradables porque hacen daño. A menos que te lo pida de manera específica, abstente. Si quiere que le hagas daño, es probable que te lo diga.

La regla: al tocar los pezones de una mujer, puedes tirar de ellos con suavidad, chuparlos, lamerlos, rozarlos con el dedo o el pulgar, frotarlos suavemente entre los dedos o incluso rozarlos con los dientes (el truco consiste en rozarlos con los dientes y mover la mandíbula inferior lentamente de un lado a otro para que los dientes rocen los pezones). Puedes hacer muchas cosas más con sus pezones y sus pechos, así que usa tu imaginación.

6. Encontrar el clítoris

A lo mejor te estás esforzando por poner en práctica tus trucos mágicos allí abajo, pero puede que te sientas un poco perdido y no encuentres el clítoris. Recuerda que las mujeres tienen cuatro labios vaginales: dos externos y dos internos. A veces es difícil encontrarlo porque en ese momento no está a la vista.

La regla: El modo más sencillo y eficaz de descubrir la estructura de una vulva es con la boca y las manos. Observa lo que estás haciendo al tocar, así, cuando no puedas verlo, lograrás encontrarlo mediante el tacto. Si no está erecto, puede ser difícil de encontrar y en algunas mujeres ocupa un sitio más profundo que en otras. Si no lo encuentras, quizá tengas que pedirle que te lo indique. Claro que a ella le encantaría que lo supieras sin más, pero si no fuera así, pues aprende. Cuando ella está excitada, el clítoris sobresale en forma de pequeño bulto. Si la tocas con suavidad, deberías sentirlo.

En cuanto a los labios mayores y menores, dirígete directamente al perineo (el trozo de piel situado entre el ano y la vagina) y luego vuelve a ascender con el dedo. Tus dedos siempre deben estar húmedos y resbaladizos al manipular su vulva: aunque ella aún no se haya humedecido, dará la sensación de que sí, y eso la excitará.

Hazte amo de su reino

Con un poco de práctica, dejarás atrás el papel del novato torpe en la cama. Todos hemos cometido errores tremendos y dolorosos durante los juegos eróticos, tales como morder, babear, repetir los mismos movimientos y ser aburridos. Los cuerpos de las mujeres deben estimularse de diversas maneras para ponerlas cachondas y convertirlas en esas ardientes diosas del sexo que son capaces de ser.

El mejor consejo para un hombre es que practique su oficio. Si eres un aprendiz flexible y dispuesto, llegarás lejos. El que no seas tan engreído como para creer que lo sabes todo te convierte en un ser un tanto vulnerable y hará que le gustes más. El mayor obstáculo para una buena relación sexual es el ego, así que no permitas que afecte tu vida sexual.

NUEVE MANERAS DE PROVOCAR A TU CHICA

Las mujeres adoran que seas capaz de contenerte y de provocarles nuevas sensaciones. Pero para llevarlo a cabo, deberás tener un gran dominio sobre ti mismo.

Si tu propósito es volverla loca de pasión acabarás por lograrlo, y para ello no requieres mucho atrezo, pero para poner en marcha su motor necesitas una gran imaginación y una gran fuerza de voluntad.

Estos nueve consejos te ayudarán a excitarla intensamente.

1. Dile guarradas

¿Cuál es el mejor sistema para excitar a una mujer? Pues a través de su cerebro, claro, y si aprendes a emplear las palabras correctas y provocarle fantasías sexuales, conseguirás que no vea la hora de montarse encima de ti.

Dile lo que estás pensando y describe en detalle lo que está a punto de ocurrir. Dile que la desnudarás lentamente y que acariciarás cada parte de su cuerpo a medida que la desvistes. Dile que usarás la lengua para excitarla, que le lamerás el cuello, la espalda y la cara interior de los muslos.

Presta atención a sus respuestas y utiliza el lenguaje sexual idóneo. ¿Le dices guarradas en la cama? ¿Le agrada que lo hagas, o prefiere una actitud más romántica?

Usa lo que sabes para seducirla por teléfono, antes de salir o incluso cuando estáis en el salón viendo la tele. El objetivo consiste en lograr que visualice todas las guarradas que quieres hacerle y, sobre todo, que sepa que la deseas muchísimo.

2. Dale un masaje

La idea es masajear esas partes de su cuerpo que los hombres no suelen tocar cuando tienes ganas de echar un polvo. Un masaje sirve para despertar todo su erotismo evitando sus zonas erógenas. ¿Imposible? Inténtalo.

Siéntate a sus espaldas y empieza por masajearle las sienes con el índice y el dedo medio. Después masajea las raíces de su cabello y el cráneo. Entonces tírale suavemente de los cabellos, acercando su mejilla a la tuya. Pregúntale si le agrada. ¿Que sí? Pues sube la apuesta.

Esté desnuda o en ropa interior, dile que se tienda en la cama y empieza por darle un masaje suave en la espalda. Desciende pero no toques sus glúteos: pasa directamente a las piernas y los tobillos.

Masajéalos y asciende a lo largo de las pantorrillas y los muslos ligeramente separados. Aproxímate a su vulva para que los labios se separen, pero no la toques en ningún momento.

Dile que se tienda de espaldas y empieza a masajear el cuello, los hombros y los brazos. Luego desciende a lo largo del cuerpo, recorre el contorno de los pechos con las manos pero no los toques. Incluso masajea la zona entre los pechos, siempre sin tocarlos.

Baja hasta el vientre y las caderas. Separa sus piernas para que la vagina se abra del todo. Masajea un muslo y después el otro hasta la entrepierna, casi tocando sus labios exteriores. No los toques, ni siquiera si te lo pide. A estas alturas, o bien se lanzará sobre ti o puedes seguir dándole un masaje hasta que esté a punto de alcanzar el orgasmo.

3. Lame el clítoris

Aunque no es especialmente complicado, muchos hombres ignoran cómo hacerlo. Debes lamerle el clítoris con mucha suavidad y asegurarte de que circule un aire fresco. Algunas mujeres aseguran que no hay nada tan excitante como el contacto del aire fresco con una vagina caliente y húmeda.

Sepárale las piernas y aproxímate lentamente a su punto sexy. Acerca el rostro para que ella vea que inhalas su aroma (esperemos que te guste y ojalá sea alguien que se lava a menudo). Después saca la lengua y endurece la punta. Tócale el clítoris con mucha suavidad y retírate.

Acelera el ritmo, pero limitándote a tocarle el clítoris con la punta de la lengua. Puedes empezar a lamerlo con rapidez, pero la idea es volverla loca.

4. Cuida tu aspecto

Si una mujer está contigo es porque te considera atractivo, así que es hora de que lo parezcas. Aunque resulta más fácil si estás en forma, casi cualquier hombre puede tener buen aspecto si se lo propone.

Empieza a vestir mejor e incluso a desvestirte mejor. En vez de arrancarte la ropa hasta quedar en calcetines y calzoncillos, empieza por quitarte aquéllos, luego desabróchate la camisa y los pantalones, quítate la camisa y finalmente los pantalones. Y ahora deja que ella te admire durante unos instantes.

Las mujeres adoran ver a un hombre recién salido de la ducha, todavía con algunas gotas pegadas al cuerpo y una toalla alrededor de las caderas, lo bastante baja como para vislumbrar el vello púbico.

En pocas palabras, si te sientes bien y tienes buen aspecto ella creerá que eres atractivo, así que demuéstraselo.

5. Bésala, pero no la toques

A casi todos los hombres les resulta bastante difícil, porque tienen la costumbre de usar los besos para ir al grano. Pero esta vez la torturarás (y tal vez a ti mismo) limitándote a besarla en la boca y las mejillas, pero nada más.

Muchas mujeres se quejan de que los hombres no las besan lo suficiente, así que de vez cuando dale un beso de lengua. Pon las manos en sus mejillas y acerca su boca a la tuya.

Dedica al menos tres minutos para besarla lenta y apasionadamente en la boca: no sólo la pondrás muy caliente sino que nunca lo olvidará, sobre todo si insinúas que no quieres follarla.

6. Abrazado a la espalda de ella

Muchas parejas duermen abrazadas, en postura de «cucharillas encajadas», durante toda la noche e incluso por la mañana, pero ahora tú aprovecharás esta posición para hacerle cosquillas en la nuca con los labios o besarla en esa zona con suavidad.

Es de esperar que reaccione de manera positiva (a algunas mujeres les molesta que las despierten), pero lo más probable es que no se queje.

Lo que funciona aún mejor es apretar tu erección contra su trasero. Entonces sabrá que estás fantaseando con el sexo y quieres satisfacer tus fantasías con ella.

7. Sexo mañanero interrumpido

Tener éxito con esta provocación es bastante complicado, porque si ella se pone muy cachonda quizá no logres controlarte. Y si no le gusta el sexo mañanero, resultará imposible.

Pero si tu chica es una de esas mujeres maravillosas dispuestas a hacerlo por la mañana, despiértate y proporciónale a tu erección un lugar cálido para pasar un rato, pero ten en cuenta que, en este caso, has de practicar el *coitus interruptus*. Cuando esté muy excitada, retírate y pregúntale si quiere seguir.

Ella te contestará «¡Claro que sí!», y tú responderás que ha de esperar hasta la noche, cuando regreses a casa del trabajo. Si logras demostrar semejante disciplina, por no hablar de provocarla a tal punto que no pueda pensar en otra cosa durante todo el día, tu estatus de mejor amante del mundo alcanzará niveles estratosféricos.

8. Véndale los ojos

Si ella logra mantener los ojos cerrados mientras tú le haces todas esas cosas que la vuelven loca, la experiencia se verá muy realzada, pero como eso es improbable, te recomiendo que le vendes los ojos.

Ésta es la oportunidad de hacer aquello que, debido a tu timidez, serías incapaz de hacer si te observara. Desliza la lengua desde su ombligo hasta el pecho. Entonces detente, retírate por completo y luego bésala apasionadamente.

La sorpresa que supone retirarse y abalanzarse sobre las zonas estratégicas de su cuerpo la pondrán muy caliente.

9. Penétrala poco a poco

Aunque para algunos tal vez resulte una tarea muy difícil, una vez que comprendas que eso la vuelve loca, no querrás parar. Dile que abra las piernas, tómate tu tiempo y sólo frota la punta del pene contra sus labios vaginales.

Lo más probable es que empiece a restregarse contra tu pene tratando de que la penetres, pero no cedas. Cuando veas que el deseo está a punto de hacerle perder el juicio, mete y saca la punta del pene lentamente.

Si te dice «más rápido», hazlo más lentamente; si te dice «más adentro», detente por completo unos instantes. El hecho de que no haces lo que ella quiere le supondrá un desafío y, en última instancia, eso es lo que quieres.

A casi todos los hombres les resulta difícil provocar a las mujeres; es una conducta que debes aprender y practicar. Has de suponer un desafío para ella y no ceder cuando manifiesta su calentura.

Despierta sus sentidos —y los tuyos— tomándote el tiempo necesario para volverla loca de deseo, y también volverte loco tú mismo. Si quieres ser el mejor de sus amantes, lo mejor es tomártelo con calma.

SIETE LUGARES ORIGINALES DONDE TOCAR
A LAS MUJERES

Si aprendes a tocar a tu chica de un modo completamente iné-dito, tus posibilidades de acostarte con ella se multiplicarán por diez.

He aquí siete zonas de su cuerpo de las que podrías ocu-parte antes de ponerte cachondo. No sólo la excitarás muchísi-mo, también le demostrarás que sabes que el sexo consiste en algo más que la penetración.

1. Columna dorsal

Aunque nunca debes aplicar un masaje directo en la columna, de vez en cuando puedes recorrerla con los dedos o la lengua. Enloquécela lamiendo el vello de su espalda o hazle cosquillas desde la base de la columna hasta la nuca.

2. Nuca

Algunas mujeres se derriten si les acaricias la nuca. La próxi-ma vez que beses a tu chica, levántale el pelo (si es que lo tie-ne largo) y échale el aliento en la nuca, rózala con los labios antes de besarla y morderla suavemente.

3. Cuero cabelludo

Mientras la besas, masajea la parte de atrás de su cabeza con las manos y tírale de los cabellos suavemente: intensificará la sensación.

4. Hombros

Además de besarlos y morderlos, has de prestarle más aten-ción a los hombros de una mujer. Es una zona del cuerpo que suele quedar al margen y si les dedicas atención, ella se estre-mecerá.

5. Pechos (no pezones)

Tendemos a dirigirnos directamente a los pezones y sólo cogemos los pechos para llevarnos los pezones a la boca. Sin embargo, deberías pasar un buen rato besando y acariciando la zona alrededor de los pezones si quieres que se pongan duros. Lame y mordisquea la zona circundante sin tocarlos, y ella te suplicará que los chupes.

6.

CINCO POSICIONES DIVERTIDAS PARA LOS JUEGOS ERÓTICOS

Los escarceos eróticos no se limitan al sexo oral. Pásalo bien con otras técnicas que fomentan el hecho de tocarse: pueden resultar muy excitantes y proporcionarte una sesión de sexo salvaje. He aquí algunas posiciones ingeniosas para jugar que os ayudarán a poneros totalmente cachondos.

1. En picado

Descripción: Ella se apoya en sus hombros y apoya las corvas en los tuyos. Sostenla apoyando las manos debajo de su trasero. Un consejo: como esta postura cansa la espalda, ella debe apoyarla en un cojín.

Ventajas para ti: La mayor es el panorama. Levanta la vista y obtendrás una agradable perspectiva de su cuerpo. Como tienes que sostenerle las piernas, su trasero también estará al alcance de la mano, así que tócalo.

Ventajas para ella: En esta posición, el sexo oral puede resultar bastante agradable para ella, pero quizá resulte incómodo para su cuello y sus hombros. Adopta esta posición lentamente y pregúntale de vez en cuando si está cómoda, para asegurarte de que ella disfruta tanto como tú.

2. Vaca lechera

Descripción: Ponte a cuatro patas y dile que se tienda de espaldas, con la cabeza justo debajo de tu entrepierna.

Ventajas para ti: Es una posición ideal por dos motivos. Primero, controlas el movimiento y la intensidad de la felación. Segundo, también puedes meterle el escroto en la boca para obtener aún más placer.

Ventajas para ella: Esta posición no supone un gran esfuerzo; puede quedarse tendida y proporcionarte placer sin tener que hacer gran cosa. Sugiere esta posición si ella está «demasiado cansada» o no tiene energía suficiente para practicar el sexo oral.

3. Estrella 69

Descripción: Ambos os encaráis a vuestros respectivos genitales para disfrutar de una estupenda sesión de sexo oral doble. Ella se tiende de espaldas, levanta las piernas y las abre; tú te instalas encima de ella.

Ventajas para ti: Como en la «vaca lechera», puedes controlar los movimientos y la intensidad según tu gusto. Otra ventaja de esta posición es que podrás usar los dedos si la lengua se te cansa.

Ventajas para ella: Ella disfruta del viaje tendida de espaldas y con las piernas abiertas. Darte placer es sencillo: su cabeza está justo debajo de tu entrepierna. Y ella también tiene la opción de usar las manos, o bien para acariciarse o para darte más placer.

4. Junto a la piscina

Descripción: Ella se tiende boca abajo y tú te aproximas por detrás entre sus piernas. Si colocas un cojín debajo de su vientre podrás acceder a sus genitales con mayor facilidad.

JUNTO A LA PISCINA

Ventajas para ti: Estás al mando: usa las manos, usa sólo los dedos, usa la lengua y los labios. Hagas lo que hagas, ella lo adorará.

Ventajas para ella: Uno de los aspectos positivos de esta postura es la sorpresa: ella no te ve y no sabe qué esperar. El aspecto «misterioso» puede incrementar sus sensaciones mientras disfruta con el placer que le proporcionas.

5. Tobogán eléctrico

Descripción: Ella se tiende de lado con una pierna flexionada y la otra estirada; tú te tiendes encima de su pierna estirada con la cabeza hacia el otro lado. Esta posición es excelente para masajearle las piernas y los pies (y para que ella te corresponda).

TOBOGÁN ELÉCTRICO

Ventajas para ti: Esta posición no sólo es una técnica relajada para masajearos los pies mutuamente. Ella podrá acceder a tu trasero para acariciarlo y permite la estimulación anal, si lo desearas. Si eres un fetichista de los pies, resulta muy apropiada.

Ventajas para ella: Es evidente que supone una buena manera de que se relaje y se ponga a tono. Casi nadie se resiste al encanto sensual de un masaje relajante.

REGLA 7: LAS DAMAS PRIMERO

Los hombres que descartan los juegos eróticos como un aspecto del acto sexual reservado «a las mujeres», cambiarán de opinión tras haber cosechado los beneficios del mismo, y tú lo harás si centras tu técnica en maximizar su placer, puesto que conlleva un aumento de la frecuencia del acto sexual y la reciprocidad: ella dedicará el mismo tiempo en maximizar el tuyo.

Ahora ampliemos esos beneficios trasladando esta

lección a las etapas posteriores del acto sexual. Nuestra séptima regla esbozará estrategias y técnicas para darle placer, tanto oral como durante el acto sexual, maximizando su placer con vistas a optimizar el tuyo. Desde el sexo oral a sus zonas erógenas secretas, hemos reunido algunos de nuestros mejores consejos para caerle bien a ella.

PROPORCIONARLE PLACER A ELLA: ASPECTOS BÁSICOS

Empezaremos el capítulo acerca de maximizar el placer de ella hablando de los aspectos básicos del sexo oral y después pasaremos a las técnicas más refinadas.

De la lengua a los labios

¿Sabías que la lengua es el músculo más poderoso del cuerpo? Imagina todo lo que podrías hacer con la lengua si le estuvieras practicando un cunnilingus. Lamer, chupar y humedecer toda la zona vaginal, los labios vaginales o el clítoris aumentarán tu éxito con tu pareja. Como tienes mayor control sobre la lengua que sobre el pene, la sensación la volverá loca.

Tu lengua no sólo está naturalmente lubricada gracias a la saliva, sino que también es mucho más manipulable que tu pene, así que ¿por qué no usarla?

■ Empieza lentamente, simula que toda su vagina es un chupa-chup de cereza y que te mueres por lamerlo. Empieza lamiendo desde la entrada hasta el clítoris, y no olvides relajarte: disfruta y no te pongas tenso.

■ Desplaza la lengua por el interior de los labios interiores y exteriores, de un lado a otro.

■ Mete y saca la lengua, y cuando estés dentro, ¡explora!

■ Primero endurece la lengua y después relájala lamiendo con suavidad. Cambiar de ritmo despertará sus expectativas y se preguntará qué ocurrirá después.

■ Desplaza la lengua por toda la vagina pero no olvides de regresar al clítoris puesto que casi todos los orgasmos femeninos son clitoridianos, sobre todo durante el cunnilingus.

■ No presiones su clítoris de entrada porque podría irritarla y evitar que se ponga cachonda. Empieza con suavidad y, según sus reacciones, aumenta la velocidad y la presión.

■ Cuando se haya puesto tan cachonda como una leona en celo, las siguientes técnicas harán que pierda el sentido. Y una vez más, no olvides prestar atención a su reacción y su lenguaje corporal.

■ Chupetea el clítoris y suéltalo: todo su cuerpo reaccionará de manera positiva.

■ Ahora introduce el clítoris en la boca y no dejes

de chupar y lamerlo. Puedes hacerlo con mucha suavidad o más agresivamente, según lo que a ella le guste.

■ No hay nada que le guste más a las mujeres que un hombre de talentos variados, y si aprendes a usar tanto la lengua como los dedos al mismo tiempo te convertirás en el hombre orquesta. Al besarle el clítoris, frótalo con el dedo al mismo tiempo. Y si te crees capaz de hacer dos cosas al mismo tiempo, chúpale el clítoris y métele los dedos en la vagina como si fueran un pene.

■ No pierdas de vista lo que estás haciendo, porque la vagina es una zona muy sensible, y un solo movimiento en falso puede estropearlo todo. Presta atención a lo que le estás haciendo y asegúrate de no meterle los dedos demasiado profundamente o demasiado rápido.

■ Usa la lengua con libertad y no tengas miedo de aventurarte en terrenos desconocidos: cuanto más relajado estés, más relajada estará ella. Tal vez no lo sepas, pero la sensación de sus fluidos empapándote la boca es uno de los mayores afrodisíacos del mundo.

■ Todas aborrecen a un idiota babeante, así que no te vuelvas loco mientras investigas su jardín secreto. No le pringues la vagina con saliva y no hagas cosas al azar: cuando practiques el cunnilingus siempre debes disponer de un plan.

■ Y por último, ni se te ocurra morder alguna zona de la vagina. No sólo puede causar daños físicos, sino que lo más probable es que ella te eche con cajas destempladas.

Posiciones útiles

Para que dentro de lo posible el banquete sea muy confortable y placentero, dile a tu dama que se tienda de espaldas con las piernas separadas y las rodillas ligeramente flexionadas. Tiéndete boca abajo entre sus piernas y pasa los brazos debajo de éstas, para quedar cómodamente instalado frente a tu objetivo. Rodéale las piernas con los brazos y deja las manos libres.

También puedes sentarte en la misma posición, apoyar las manos debajo de su trasero y alzarlo hasta tu cara. Aunque requiere más fuerza y te ocupará ambas manos, puede ser muy placentero para la mujer.

También puedes decirle que se tienda en el borde de la cama, levante las piernas y apoye los pies en el borde; ahora arrodíllate en el suelo: así accederás fácilmente a su nido de amor.

Éstas no son las únicas posiciones posibles: hay muchas más que sirven para hacer un cunnilingus. Recuerda: no seas tímido, experimenta y diviértete.

LO MÁXIMO EN SEXO ORAL

A los hombres les gusta creer que serán los reyes del dormitorio si intentan todo tipo de posturas sexuales, pero cuando se trata del sexo oral, algunos evitan practicarlo mientras que otros lo consideran una tarea. Aquí es donde puedes ganarle de mano a la competencia.

Como los hombres no tienen en cuenta el valor del sexo oral practicado correctamente, prestan escasa atención a los detalles y sus cunnilingus son poco creativos. El 99 por ciento de los hombres practica el sexo oral en una de estas dos posiciones: con ella tendida de espaldas o en la posición 69.

El sexo oral tiene la misma importancia que el coito. Para algunas mujeres incluso resulta más íntimo que el coito y les permite alcanzar el orgasmo con mayor rapidez. Si quieres que te recuerden como un excelente amante, has de considerar el sexo oral como el plato principal, y servirlo de diversas maneras.

Todos conocemos la importancia de los juegos eróticos anteriores al coito. Pero ¿sabías que tú también puedes pasar a formar parte de su lista de amantes inolvidables incorporando el sexo oral a tu menú de postres sabrosos?

¡Sí, eso es! No te lances sobre su clítoris antes de ponerla cachonda. Antes de poner en marcha la lengua, dale una pequeña muestra de lo que le espera tomándote tiempo para explorar sus zonas erógenas.

Antes de follar, usa la lengua para lamerle el vientre, la cara interior de los muslos, las corvas, los pies, los glúteos y la zona alrededor de los genitales. Puedes besar sus labios vaginales externos, pero no lamerle el clítoris. Ella sabe que al final lo harás, pero no lo hagas cuando ella lo está esperando.

Hacerla esperar aumentará su deseo, pero obligarla a suplicar lo estropeará todo. Interrumpe el juego con la lengua y dale lo que quiere, pero en el momento adecuado. Observa sus movimientos: sabrás lo que quiere si aproxima la vagina a tu rostro. Zambúllete cuando empiece a presionarte con los muslos.

Cualquiera puede practicar el sexo oral normal, pero para convertirlo en algo extraordinario, deberás ser refinado y variar de postura.

1. Refinamiento

A las mujeres no les gustan los brutos y quieren que su hombre disfrute al practicar el sexo oral. Demuéstraselo tomándote tu tiempo y actuando con suavidad. Aplica los labios, la lengua y toda la boca a las zonas que rodean sus genitales.

Cuando ella ya no aguante más, usa la lengua como si fuera una pluma. Roza su vagina, lame los labios y métela en su orificio vaginal. Puedes meter y sacar la lengua, pero no olvides que lo que ella quiere es toda tu boca.

Los genitales femeninos son muy sensibles: no los muerdas, no soples dentro de su orificio vaginal y no chupes con demasiada intensidad. Todos tus movimientos deben ser suaves, como si estuvieras lamiendo un pétalo de rosa sin romperlo ni pincharte con las espinas.

Cuando consideres que ha llegado el momento adecuado, pasa a su clítoris: es lo que provoca el orgasmo femenino. Lame desde el orificio vaginal hasta el clítoris.

Algunos hombres cometen el error de aumentar la velocidad de los lengüetazos cuando les parece que la mujer está a punto de alcanzar el orgasmo, pero no lo hagas: mantén el mismo ritmo o incluso reduce la velocidad.

2. Variar de posición

Al igual que el coito, el sexo oral provoca sensaciones diferentes según la posición. Si varías de posición, el sexo oral puede generar estados de ánimo diversos, crear panoramas diferentes y excitantes, y provocar diferentes tipos de estimulación. Eso te diferenciará de los demás hombres y la convertirá en adicta.

Hay dos posiciones diferentes que pueden avivar el orgasmo de una mujer: el *abrazo inverso* y el *saludo del perrito*.

Abrazo inverso: Es un poco complicado pero merece la pena. Has de estar en forma para hacerlo y ése es otro motivo para hacer ejercicio y fortalecer tu musculatura.

ABRAZO INVERSO

Sostenla cabeza abajo delante de ti, con la cabeza y los hombros apoyados en la cama y la espalda apoyada contra tu vientre y tu pecho. Levántala para que no sienta demasiada presión en la nuca. Ella debe cruzar las piernas alrededor de tu cuello y apretar los tobillos. Rodéale el vientre con los brazos y baja la cabeza entre sus piernas.

Las mujeres disfrutan de esta posición gracias a la estimulación combinada del sexo oral y el colocón que supone estar cabeza abajo.

Saludo del perrito: Supone una combinación del coito estilo perrito y el sexo oral; además requiere mucho control y fuerza de voluntad, porque has de posponer lo que más te gusta (penetrarla) para concentrarte en su placer.

¿Cómo hacerlo? Mientras la penetras a cuatro patas, retírate cuando sientas que está a punto de correrse. Entonces baja la cabeza hasta su jardín secreto y haz un uso refinado de la boca y la lengua, como se menciona arriba, hasta que se corra. Y luego, cuando ella crea que todo ha acabado, vuelve a penetrarla y te garantizo que se sentirá muy agradecida por tu generosidad y espíritu creativo.

¿Por qué las mujeres disfrutan con ello? Casi todas prefieren hacerlo a cuatro patas. Les resulta agradable, pero a la larga se vuelve bastante previsible. Sin embargo, el *saludo del perrito* es completamente inesperado. La mayoría de las mujeres supone que un hombre no puede controlarse tras la penetración y, una vez lograda, no parará hasta correrse. Si te retiras y le haces un cunnilingus, le proporcionarás dos estímulos distintos y demostrarás que tienes en cuenta sus necesidades.

Las mujeres adoran que sus hombres conviertan el sexo en algo excitante, aventurero y espontáneo, y eso incluye el sexo oral. ¡Si lo haces correctamente, nunca dejará que te marches! Da igual que tu pene sea pequeño:

Aunque casi todas las mujeres disfrutan con las posiciones clásicas del cunnilingus, conseguirás que alcance el éxtasis haciendo cosas que ningún hombre le ha hecho antes.

Considéralo desde este punto de vista: las posiciones normales para practicar el cunnilingus se limitan a eso, a

4. Piernas por encima de la cabeza

Dile que se tienda de espaldas con las piernas estiradas. Luego ayúdale a levantarlas por encima de la cabeza hasta que apunten en la dirección opuesta. Estará aproximadamente en la misma posición que ocuparía durante los estiramientos en una clase de yoga.

Lo que debes hacer: Colócate cerca de su cabeza y sus hombros, arrodillado sobre una pierna. En esta posición, podrás penetrarla con los dedos y ocuparás el ángulo perfecto para tocar su punto G. También puedes acariciarle el ano mientras la estimulas con la boca.

GIRO DE 360º

5. Giro de 360º

Ella apoya las rodillas a ambos lados de tu cabeza y acerca su zona genital a tu cara, después gira lentamente las caderas/la pelvis hasta quedar mirando en dirección opuesta a la inicial (un giro de 180º). Después de un rato en esta posición, volverá a girar las caderas/la pelvis hasta mirar en dirección opuesta (completando el giro de 360º).

Esta posición le proporciona un mayor control y ella será la responsable de decidir el ritmo y la presión de tu lengua y dónde la metes.

Lo que debes hacer: Tiéndete de espaldas en un lugar confortable, con la cabeza apuntando a la cabecera de la cama, para que ella pueda agarrarse y girar con mayor facilidad. Mueve la cabeza hacia un lado mientras gira, de lo contrario podría lastimarte la nariz.

En esta posición, al principio podrás masturbarte hasta alcanzar el orgasmo y ella se considerará muy halagada si la idea de hacerle un cunnilingus hace que te corras. Sin embargo, más que en tu masturbación, debes centrar la atención en ella, o creerá que estás más preocupado por satisfacer tus necesidades que las suyas.

Por otra parte, cuando haya completado el giro de 180º, ella tendrá las manos libres para acabar lo que tú empezaste.

DIEZ ZONAS ERÓGENAS FEMENINAS INESPERADAS

Como la curiosidad forma parte de nuestra conformación genética, casi todos los hombres sienten curiosidad por lo que excita a las mujeres. ¿Qué zona hemos de tocar para volverlas absolutamente locas de pasión?

Mientras que no hace falta ser un científico atómico para descubrir las zonas erógenas de los hombres (el pene, los testículos y el ano), el cuerpo de la mujer alberga numerosas zonas erógenas. ¡Ah, las mujeres, qué especie tan exquisita! Iniciemos el recorrido del cuerpo de una mujer.

10. Cara interior de los muslos

Son sumamente sensibles al tacto, las caricias y la lengua. Al igual que en las corvas, en las caras interiores de los muslos hay numerosas terminaciones nerviosas, así que si las acaricias, la pondrás muy caliente.

Recuerda que no has de morderlos, porque esta zona es muy sensible, sólo le harás daño y el resultado será el opuesto al deseado.

9. Las corvas

Debido a las terminaciones nerviosas situadas en las corvas, te asombrarías de hasta qué punto una mujer se excitará si la lames o la mordisqueas con mucha suavidad. Pero no te pases: al fin y al cabo, es una zona muy sensible y debes evitar que la sensación se vuelva irritante, así que hazlo con suavidad y sólo durante un rato.

8. Nalgas

Sí, es verdad: a muchas mujeres les encanta que juguetees con sus nalgas. A muchas les gustan los azotes y los pellizcos, a condición de que sean suaves. Pero hay más...

A algunas les gusta que les laman, chupen y penetren el ano (con los dedos, el pene o ambos). A quienes la idea de sacarle la lengua a Urano les provoca un estremecimiento, sólo puedo decirles que, por otra parte, la idea de una penetración anal resulta bastante incitante, ¿verdad?

7. Nuca

Con sólo echarle el aliento en esta zona, harás que se estremezca de placer, así que imagínate su reacción si usas la lengua o los dientes para excitarla.

También has de usar las manos; levántale el pelo con suavidad y acerca la boca a su nuca. Después muérdela y tírale del pelo suavemente para que sienta cuánto la deseas.

Esa parte del cuerpo femenino también es un buen lugar

para empezar a darle ese masaje sensual que te ha hecho célebre y al que ninguna mujer logra resistirse.

6. Orejas

A muchas mujeres les encanta que les laman, chupen o besen las orejas. Aunque también puedes soplar dentro de ellas, no es lo que más les agrada. También les gusta que les susurres al oído, pero no le digas cosas como: «¿Puedes lavarme mis pantalones de gimnasia esta noche?» Procura decir cosas eróticas y sentirás como toda ella se estremece.

5. Pies

Muchas mujeres adoran que les toquen y masajeen los pies, y algunas incluso disfrutan si se los lamen o chupan. Suponiendo que tengan los pies limpios, las mujeres adoran que los hombres les acaricien las plantas de los pies, los dedos y los tobillos. Como es una zona sensible a las cosquillas, el cosquilleo puede resultar agradable.

Aunque para la mayoría de los hombres la idea de meterse en la boca una parte del cuerpo que pasa la mayor parte del día enfundada en cuero y sudor, a muchos les entusiasma la idea de ocasionalmente proporcionarles una buena sesión de lametazos a las mujeres.

4. Muñecas

Tal vez te resulte desconcertante, pero las mujeres adoran que sus amantes les chupeteen y mordisqueen las muñecas. La próxima vez que inicies el juego amoroso con tu chica, empieza por besarle y acariciarle las muñecas, ¡y verás cuán cachonda se pone!

3. Pechos / Pezones

Nadie ignora que los pechos son una zona erógena muy sensible, y que acariciarlos, pellizcarlos, lamerlos y chupar los pezones puede ser sumamente excitante.

Además, a algunas mujeres les gusta que su chico sea un poco más brusco, ¡así que averigua lo que le gusta y proporciónaselo!

2. Vagina / Clítoris
Puedes estimularlo con la lengua, el dedo o, aquellos que poseen múltiples talentos, con ambos a la vez. Algunas prefieren indicarle a su amante cuánta presión ha de aplicar, pero para quienes no cuentan con esa ventaja, suele ser bastante evidente si la mujer disfruta o no. Si empieza a retorcerse, comprueba que lo hace porque está disfrutando y no porque la estás «irritando».

Y ahora la principal zona erógena femenina...

1. Labios
Sí, es verdad. Si sabes cómo manipular sus labios besando, lamiendo, chupando y mordiendo, quizás ese beso conducirá a algo mucho más importante. Usa los labios, la lengua y los dientes para juguetear con los suyos y bésala con absoluta pasión.

CÓMO COMPRARLE UN JUEGUETE SEXUAL

Ya le has demostrado tu generosidad mediante tus técnicas durante el escarceo, el sexo oral y el coito. Ahora es momento de que tu generosidad aumente de nivel regalándole un objeto claramente destinado a proporcionarle placer: un juguete erótico. Comprarle un juguete erótico a una mujer supone un paso arriesgado, así que procede con cautela puesto que el margen de error es grande. Si le regalas un enorme consolador de dos puntas con cinco adminículos de diversas formas quizá le des un susto de muerte, mientras que una lengua artificial podría provocarle repugnancia. Y ni se te ocurra comprarle un muñeco masculino hinchable de tamaño natural: lo más probable es que nunca más vuelvas a verla.

Si quieres darle una sorpresa sin que te salga el tiro por la culata, sigue leyendo. He aquí la manera de encontrarlo, comprarlo y regalárselo, y convertir la experiencia en algo agradable.

El modo más sencillo de averiguar qué le gusta es preguntárselo, pero si quieres que el regalo sea una sorpresa, tendrás que arriesgarte a adivinarlo.

En todo caso, sus preferencias variarán con su estado de ánimo, así que deberás elegir un juguete apto para cuando se pone cachonda. La mejor solución es comprar un juguete que proporcione placer a todas sus zonas erógenas, que disponga de varias velocidades y niveles de presión.

Encontrarlo y comprarlo

Si optas por ir a un *sex shop*, los vendedores te proporcionarán muy buenos consejos; se pasan todo el día inspirando el olor a látex y comentando temas lascivos e interesantes; conocen el tema, así que no seas tímido. Saben cómo ponerte cómodo y es mejor comentar lo que quieres comprar con alguien que trabaja en la tienda que deambular en busca de algo que nunca has visto con anterioridad. También puedes comprar juguetes sexuales en Internet, puesto que evita las situaciones embarazosas y resulta discreto.

No olvides el lubricante

En general, disfrutar de los juguetes sexuales es más fácil y placentero si utilizas un lubricante, así que además del juguete para tu chica, compra un buen lubricante que contenga agua o silicona.

Más grande no es mejor

Si le compras un consolador o un vibrador en forma de falo, no te limites a suponer que cuanto más grande, mejor. Casi todas las mujeres prefieren masturbarse con algo bastante parecido a un pene en cuanto al largo, el grosor y la textura, e incluso con algo más pequeño, como el vibrador al que llaman «dedo de dama».

Si no la conoces muy bien e intentas adivinar lo que le gustaría, ve a lo seguro y evita los consoladores de dos puntas, los que se ajustan con correas y los anales. No te arriesgarás si te mantienes dentro de las zonas erógenas conocidas.

Silicona, goma, metal o cristal

No querrás pasarte cuando le compres su primer juguete sexual, así que limítate a lo sencillo, lo sutil y lo funcional. Los de silicona y los de goma tienen un tacto más natural y siempre son una buena opción. También son muy seguros y fáciles de calentar bajo el grifo de agua caliente.

Los de metal no son una buena opción porque al principio están muy fríos, aunque su firmeza puede ser un buen argumento de venta. También tienen un aspecto bastante atractivo, y como los juguetes sexuales no son los objetos más bonitos del planeta, es mejor que no sean feos.

Existen algunos consoladores de cristal muy bonitos. Provocan una sensación muy suave y, si te apetece variar, puedes enfriarlos o calentarlos.

Pero lo más seguro, insisto, es elegir un juguete muy «normalito». Opta por lo básico. Los de silicona no son ni demasiado blandos ni demasiado duros, y resultan duraderos e higiénicos.

Haz los deberes. En general, optar por el juguete más vendido o el más popular suele ser una buena elección cuando te enfrentas a millones de juguetes de aspecto similar.

Calidad *versus* coste

No hagas grandes economías al comprar un juguete ya que lo que buscas es calidad. Si no funciona o se cae a pedazos en el momento crucial, quedarás como un tacaño... y ¡eso es un pecado mortal para las chicas!

Ofrecerle el juguete

Hay varias maneras de hacerlo. Si quieres que sea un regalo sorpresa, lo más elegante es enviárselo a su casa, acompañado de una notita sugerente. Si quieres usarlo con ella, podrías ocultarlo debajo de la almohada y dárselo de improviso, aunque las consecuencias podrían ser negativas si a ella le disgusta lo que has comprado.

Si dudas sobre cómo reaccionará, opta por lo más seguro: dile que lo has comprado y dáselo en una situación exenta de sexo, para que no se sienta presionada o incómoda. Conviértelo en algo gracioso o sexy, en otras palabras, conviértelo en algo especial. Es muy probable que al recibir ese regalo especial no deje de sonreír y soltar risitas.

Ella lo conectará y se pondrá cachonda

Comprar un juguete sexual para tu pareja no tiene por qué convertirse en una experiencia traumática. Si encuentras una buena tienda, ya sea en el centro de la ciudad o en Internet, todo será bastante sencillo: el personal estará informado, el envoltorio será discreto y el juguete no se romperá a la primera y soportará el trato que le des. Hace falta valor para comprarle un juguete sexual a una mujer sin antes preguntarle su opinión, así que puedes congratularte por ser tan valiente. Deja que ella disfrute con el producto de tus esfuerzos y tú disfrutarás con su placer.

REGLA 8: EMPLAZAMIENTO

El sexo puede practicarse en cualquier lugar y momento, pero también puede convertirse en más de lo mismo y más de lo mismo. Si de repente te sientes invadido por la pasión o tratas de encontrar ese algo que rompa la monotonía, a veces es una buena idea cambiar de escenario. Ya sea en el asiento de atrás del coche, en la ducha, en la cima de una montaña o en el lavabo de un avión, no hay nada como un cambio de emplazamiento para darle sabor a tu vida sexual.

LOS MEJORES LUGARES PARA HACER EL AMOR

¿Estás harto de practicar el sexo corriente y moliente en la cama de tu dormitorio, día tras día? Bien, los siguientes consejos te alejarán de lo cotidiano y revelarán algunos lugares normales y no tan normales donde tú y tu chica podréis dedicaros a follar.

Antes de empezar, ten en cuenta que el intento permanente de superar el emplazamiento anterior se volverá aburrido con mucha rapidez, así que reserva esos lugares para los estados de ánimo pervertidillos o esos momentos en que te mueres por metérsela.

En el asiento trasero: Sí, la mayoría de los hombres han follado o follarán con al menos una mujer en el asiento trasero (o delantero) del coche. Vale, quizá no sea el lugar más amplio del mundo y tal vez las rozaduras en las rodillas duren unos cuantos días, pero será un recuerdo grato una vez elimines las manchas del tapizado.

No es necesario que la lleves al asiento trasero y empieces a follar como si fueras un martillo y ella un clavo. Para empezar, es mejor que la lleves a un sitio alejado, la beses con suavidad y le acaricies los muslos.

Puedes ocuparte de ponerla cachonda con los labios y los dedos o llevarla al asiento de atrás y poner manos a la obra. Pero asegúrate de llevar ropa fácil de desprender o todo podría acabar de un modo decepcionante.

En un hotel: Llévala a un sitio nuevo que no sea tu casa o la suya. Puedes preparar la habitación del hotel con antelación, comprando aceites, velas y cosas por el estilo, o reservar la habitación junto con ella.

Resulta muy práctico tomar una habitación durante una noche: podrás dedicarte al sexo sin tener que preocuparte de poner todo en orden a la mañana siguiente. Podrás derramar cera por todas partes, empapar la alfombra con champán, dejar que tus espermatozoides mojen la cama y todas esas cosas que supondrían un engorro si eres tú quien debe limpiarlas.

Lo mejor es planear este tipo de velada cuando la ocasión no tenga nada de especial; hazlo sólo para cambiar de aires. Ella estará encantada de hacer el amor en un ámbito nuevo y tú recogerás los beneficios. Desata los demonios del sexo.

Jacuzzi: A menos que vivas en un apartamento muy amplio, en tu bañera sólo habrá sitio para una persona, pero un *jacuzzi* puede albergar a dos o más.

La amplitud de un *jacuzzi*, además de los chorros de agua, hará que tú y tu pareja perdáis el sentido, entre otras cosas... Puedes estar desnudo, llevar calzoncillos e incluso un bañador (que el tanga lo lleve ella, por favor), y ella podría... bien, debería estar desnuda desde el principio (bromeo, pero es muy recomendable). Recuerda que tu objetivo consiste en hacer que este momento sea inolvidable.

En una cama de agua: Muchos afirman que la cama de agua es el lugar ideal para hacer el amor. ¿Por qué? Pues sencillamente porque si te adaptas al ritmo del «oleaje», el resultado puede ser alucinante.

Y lo mejor es quitar las sábanas, untar el colchón (y a vosotros mismos) con aceite para bebés y deslizaros por encima de la superficie. Además, tú podrás deslizarte dentro y fuera de ella.

No es imprescindible ser un genio de la navegación para divertirse en una cama de agua, pero esperemos que nadie se maree debido al oleaje del océano sexual.

En la sauna: ¿Qué hace que el sexo en una sauna sea tan increíblemente flipante? Uno de los motivos es que el cerebro recibe menos oxígeno y provoca un aumento de la sensibilidad, así que las embestidas, los lengüetazos y los mordiscos se perciben con mucha mayor intensidad.

Imagina entrar con tu chica en una habitación húmeda y caliente, ambos sólo envueltos con una toalla. ¿A que es erótico? Reserva una sauna para vuestro uso privado: así estaréis solos y podréis enloqueceros mutuamente.

Una fiesta privada en la oficina: Si dispones de las llaves de la oficina, ¿por qué no llevarla allí y mostrarle cuán duro trabajas ante tu escritorio? A lo mejor es la idea del riesgo de ser descubierto o el hecho de que supone un tabú lo que resulta tan excitante cuando se trata de retozar ante el ordenador.

Una noche, véndale los ojos y llévala a la oficina. No le digas adónde la llevas y, una vez llegados, no le digas dónde estáis. Desnúdala lentamente y saborea cada instante; así, la próxima vez que acudas al trabajo recordarás cada momento.

Mientras le haces el amor, quítale la venda para que vea dónde está, embístela apasionadamente y dáselo todo.

En la discoteca: Salir de juerga con tu chica debería ser un hecho dado, pero podrías incluir una noche en la discoteca del lugar. Dile que se ponga su ropa más sexy y llévala a la discoteca, donde ambos beberéis, bailaréis y os divertiréis.

Después de un rato, llévala a los lavabos, de preferencia los de caballeros porque allí casi nunca hay cola, dado que disponen de orinales. Métete en un cubículo, cierra la puerta, bésala y sóbala como si fuera la primera vez.

Opta por la posición del perrito porque quizá sea la más cómoda para follar discretamente. De lo contrario, dile que apoye las manos en la pared por encima del váter y te abrace la cintura con las piernas, así podrás follártela hasta el día del Juicio Final, o hasta que el gorila de turno os pesque con las manos en la masa.

En la playa: A lo mejor es un tópico, pero la playa no deja de ser un lugar con cierto encanto. Incluso decir «Hemos hecho el amor en la playa» suena fabuloso.

Prepárate con antelación: hazte con una o dos botellas de vino, algo para picar (uvas, galletas, queso), una manta y cualquier otra cosa que necesites, y dirígete a ese parque de diversiones arenoso y sensual. No te arrojes encima de ella en cuanto lleguéis: espera y disfruta del momento.

A medida que transcurra la velada, tal vez se ponga cachonda meramente por obra del entorno.

EMPLAZAMIENTOS PARA ECHAR UN POLVO RÁPIDO

El tiempo es fundamental, pero tú y tu chica queréis encontrar un lugar para echar un polvo rápido antes de ir al cine, el teatro o lo que sea. He aquí siete lugares donde podrías metérsela la próxima vez que te pongas caliente.

■ *En el ascensor*
Detén el ascensor entre dos plantas (dado que la alarma no saltará, a menos que quieras que te descubran) y penétrala. Cuando hayas acabado, no bajes del ascensor en la planta baja.

Posición ideal: ella se coloca de espalda contra el tabique, tú le sostienes los muslos y los apoyas a ambos lados de tus caderas mientras ella se agarra de tus hombros.

■ *En el hueco de la escalera*
Si tu compañero de piso está en casa, o si tú y tu chica sólo disponéis de diez minutos para almorzar, dirigíos al hueco de la escalera de un edificio con ascensor, de preferencia en la planta alta, y volveros locos durante unos minutos.

Posición ideal: la del misionero, con la espalda de ella arqueada por encima de un peldaño.

■ *En un callejón*

Antes de pensar en ratas y borrachos, imagina un callejón detrás de un restaurante que no esté tan mugriento como los que aparecen en las películas. Lo adecuado sería que ella lleve falda. Dirigiros a un callejón justo después de cenar y antes de la película. Eso sí que sería un buen intervalo.

Posición ideal: Ella de pie, con una pierna alrededor de tu cintura.

■ *En el probador*

¿Cuántas veces tu chica se ha puesto cachonda al cambiarse de ropa en el probador de una tienda? ¿Por qué no añadirle un toque picante a la tediosa tarea de ir de compras? Puedes hacerlo entrando a hurtadillas en el probador para echarle un polvo.

Posición ideal: Perrito de pie.

PREPÁRATE PARA HACER EL AMOR EN EL COCHE

¿Por qué hay tantas parejas que practican el sexo en el coche? Para empezar, porque no hay nada más excitante que la idea de que pueden descubrirte haciendo guarradas. Por no hablar de que es algo espontáneo y que todos tienen ganas de decir «lo hicimos en el coche».

Pero además de aferrarte a tu juventud y de hacer travesuras divertidas, el sexo en el coche supone algo más: resulta mucho más barato que alquilar una habitación de hotel, así que prácticamente todo el mundo ha hecho el amor en un coche. Aunque éste será el escenario de la actuación principal, primero hay que buscar un lugar idóneo para aprovechar la situación al máximo sin tener que preocuparse por nada.

En todas las ciudades y pueblos existe ese lugar a donde acuden los jóvenes con el único fin de darse el lote (entre otras cosas), pero ¿de verdad quieres llevar a tu chica allí? Claro que no, tú quieres llevarla a un lugar distinto y especial.

Aparcamiento

Si ambos sois de naturaleza audaz, entonces un aparcamiento puede ser un excelente lugar para ponerse sudoroso y guarro. Claro que a lo mejor se empañan las ventanillas, pero no os preocupéis: todos sabrán lo que estáis haciendo.

Autocine

Vale, es la madre de todos los estereotipos, pero ¿cuánta gente todavía practica el sexo en el autocine? Así que planéalo sin que ella se entere, dile que se ponga ropa fácil de quitar y disfruta de la película.

Callejón

No, éste no es el preludio de una de tus fantasías eróticas. Si a tu chica no le excita la idea de hacerlo en público, será mejor que la lleves a un lugar muy tranquilo y oscuro. Opta por un callejón poco frecuentado.

Cima de una montaña

No hay nada como contemplar la puesta de sol (o el amanecer) y penetrar a la mujer que amas al mismo tiempo.

Conduce hasta la cima de una montaña y haz el amor lentamente, hasta que ambos estéis satisfechos.

Posiciones

Suponiendo que tu coche sea más amplio que un Fiat 600, hay diversas posiciones que podrás disfrutar en tu propio vehículo.

Perrito agarrado al salpicadero

Siéntate en el asiento del pasajero e inclínalo hacia atrás cuanto puedas. Ella se sentará en tu regazo de cara al parabrisas y agarrada al salpicadero, para no perder el equilibrio y controlar los movimientos. ¡Y qué movimientos... por no hablar del panorama de su trasero!

Misión en el asiento trasero

Esta posición no ofrece mayores complicaciones. Sube a la parte de atrás del coche con tu chica y poneos en la posición del misionero. Para darle variedad, dile que levante las piernas y apoye la planta de los pies en el techo del coche. Y no seas tímido: salúdala con un besito en su pequeño portal.

MISIÓN EN EL ASIENTO TRASERO

El faro

Para poner en práctica este viejo éxito siempre vigente, tu coche debe disponer de un techo corredero. Ponte de pie en el asiento del conductor y, mientras tu chica se sienta cómodamente en el asiento del viajero, podrá hacerte una felación mientras tú vigilas que no se acerque ningún indeseable.

Lamer el capó

Si tú y tu chica sois atrevidos, dile que se siente en el capó del coche y disfruta del festín que te ofrece. Y cuando esté preparada para que la penetres, puedes pedirle que se dé la vuelta y apoye las manos en el capó.

LAMER EL CAPÓ

Consejos prácticos:

Música: La banda sonora puede significar el éxito o el fracaso de la operación. Asegúrate de disponer de la música adecuada.

Freno de mano: Aunque no te lo creas, muchos olvidan este pequeño detalle. Es muy importante comprobar que has puesto el freno de mano, de lo contrario podrías acabar desnudo en una zanja, y nadie quiere eso.

Coche limpio: Cualquier mujer dudaría antes de desnudarse y tenderse en un coche lleno de envoltorios de McDonald's o con el salpicadero pringoso. Comprueba que el interior de tu vehículo esté impoluto.

Ventanillas empañadas: Apaga el aire acondicionado y comprueba que las ventanillas estén empañadas antes de levantarle la falda y saludarle la entrepierna.

Ropa que permita un fácil acceso: Ponte ropa fácil de quitar y de poner. No querrás darle un rodillazo en la cara mientras intentas quitarte tus tejanos ceñidos.

Pañuelos de papel y toallitas húmedas: A muchos les ha ocurrido encontrarse desnudos en el coche sin disponer de nada con que limpiarse, así que procura tenerlos a mano.

Debes estar preparado: No olvides que en casi todas partes está prohibido practicar el sexo en el coche, así que asegúrate de estar en una posición que te permita vestirte con rapidez. No es necesario que el oficial de policía se entere de que tu chica se depila allí abajo, o no.

CINCO MANERAS DE AVENTURARTE MÁS ALLÁ DEL DORMITORIO

No hace falta que salgas de tu casa para ampliar el terreno amatorio. En tu hogar dispones de numerosos accesorios y lugares que te ayudarán a animar tu vida sexual.

1. Siéntala encima de la lavadora

De algún modo se difundió el rumor de que la vibración de la lavadora provoca el orgasmo en las mujeres. Que sea cierto o no es menos importante que el hecho de que ellas lo encuentran placentero, así que ¿por qué no intentarlo? A lo mejor algún día una empresa con imaginación fabricará una lavadora con un asiento especial en la parte superior.

2. Sube al terrado

Como corres el peligro de que te vean, puede resultar muy excitante. Ve al terrado una noche cálida y tranquila, lleva una botella de vino y una manta, y empieza por un mini *picnic*. Si tu casa no tiene terrado, pon una manta en el balcón y haz el amor allí.

3. Practica el sexo en el baño

El baño es un lugar estupendo que proporciona intimidad y permite adoptar docenas de posturas, como contemplarla en el espejo mientras la penetras por detrás, decirle que se siente en el lavamanos o sentarte en el váter para que ella se monte en tu regazo; por no mencionar la ducha, pero de ello hablaremos más adelante.

4. En la mesa de la cocina o en el comedor

Éste es un lugar tradicional para practicar el sexo en el hogar. Goza de popularidad por tener una superficie firme y plana que soporta pesos relativamente grandes. También puedes usar las sillas y la mesa; limítate a desocuparlas.

5. Apaga todas las luces

La oscuridad propicia conductas sexuales más audaces. Apaga todas las luces de la casa, ponte un preservativo que brille en la oscuridad y juega al escondite.

Mientras las luces estén apagadas, podrás practicar toda clase de juegos perversillos. Los fabricantes de artículos sexuales también han sacado al mercado una amplia gama de productos que brillan en la oscuridad, como baños de espuma, braguitas, esposas, consoladores y vibradores, lociones para masajes y pinturas corporales.

Ésta sólo es una muestra de las numerosas variantes para darle sabor a tu vida sexual en el hogar. Existen millones de variaciones sobre el tema. A veces el más pequeño detalle, por ejemplo cambiar de habitación o valerse de un objeto rutinario puede convertir tu vida sexual con sabor a vainilla en una que incorpore todos los sabores del mundo.

OCHO MANERAS DE HACERLE EL AMOR EN LA DUCHA

Tú y tu amante ya habéis explorado todas las habitaciones de la casa: el dormitorio, la sala, el estudio, el lavadero, la mesa de la cocina y la encimera. Y ahora, ¿qué? O más bien, ¿dónde?

Bueno, uno de los lugares donde será más probable que la encuentres desnuda y favorablemente dispuesta es el cuarto de baño. Tus relaciones sexuales seguirán siendo divertidas y juguetonas si la llevas al baño, donde también podrás sorprenderla metiéndote en la ducha para ayudarla a lavarse, pero comprueba que la banera

lante. Una vez que hayas enjabonado sus pechos y tu pene, ella apoya las manos a ambos lados de los pechos y los empuja hacia el centro, con los dedos formando un puente para albergar a tu pene.

Prueba diversas posiciones y elige la que más te guste. Ella puede deslizarse hacia abajo o tú puedes volver a ponerte de pie en el borde de la bañera; en esa posición ella tendrá más facilidad para moverse y además será más cómodo para ambos.

6. Manipulación manual

A ella le gusta ver cómo te masturbas, la pone cachonda. Así que no seas tímido y disfruta. Podéis hacerlo independientemente (cada uno disfrutará contemplando cómo se corre el otro) o masturbaros mutuamente.

Podéis hacer diversas cosas, pero te recomiendo que instales una ducha de teléfono (si no la tienes). Lubrica la zona entre sus glúteos y apoya el paquete en la hendidura. Acaricia sus pechos con una mano y con la otra apunta el chorro de la ducha sobre el clítoris. Ella podrá hacer lo demás.

7. Divertimentos traseros

El poder limpiador de la ducha se presta a que ocurran toda clase de aventuras. Si te dice que no se siente lo bastante limpia o que no está preparada, entonces la ducha se convertirá en tu mejor amiga. Claro que en última instancia quien decide es ella. Procura presentarlo como una experiencia divertida y no te desesperes: podrías quedarte sin una cosa ni la otra. Prueba con una de las posiciones del perrito.

8. Una pausa en el borde

A todos nos encanta que ella tome las riendas. Siéntate en el borde de la bañera (tendrás que agarrarte del borde y no de sus caderas, porque impedirías sus movimientos). Ella apoya las manos en tus rodillas y se mueve arriba y abajo, ayudándose con las piernas.

UNA PAUSA
EN EL BORDE

SIETE LUGARES PÚBLICOS PARA HACER EL AMOR

¿Tienes ganas de incrementar el riesgo, y de paso su excitación? Intenta echar un polvo rápido en alguno de estos lugares.

La galería comercial
Aguarda a que los transeúntes miren hacia otro lado y abre la puerta donde pone «Reservado al personal». Como allí reina el silencio, podrás oír los pasos que se aproximen.

Aula universitaria vacía
En la puerta suele haber un cartel con los horarios de clase. Toma nota de éstos y llévala a un aula desocupada; las universidades confían en el alumnado y no suelen cerrar las puertas con llave.

El parque
No te aventures en las profundidades del bosque: podrías toparte con ortigas, garrapatas u otras plantas y bichos peligrosos. Busca un lugar discreto cubierto de hierba y rodeado de vegetación.

En el tren
Durante un trayecto de una hora en tren, busca un vagón vacío y ponte manos a la obra. Busca esos vagones con asientos tapizados y espera a que el tren esté semivacío y ya se dirija a la última estación del trayecto.

En el cementerio
Es un lugar desierto y tranquilo. La puerta principal suele estar abierta, pero si no fuera así, el acceso no debería resultar demasiado difícil: sólo tendrás que escalar una cerca. Espera hasta que se haga de noche.

En un campo de golf
La hierba es corta y suave y, como no suele haber ramitas ni piedras, tal vez ni siquiera necesites una manta. Lo mejor es hacerlo en un campo de golf público, porque en los de clubes suele haber vigilantes.

En el guardarropa
Entra, cierra la puerta y pon manos a la obra. Si alguien entrara en busca de su abrigo y si el guardarropa es amplio, quizá ni siquiera te vean.

Hay más mujeres que se excitan haciendo el amor en lugares públicos de lo que imaginas. Además, quedarás como un tipo espontáneo y divertido y ésa siempre es una buena imagen a cultivar.

Los lugares a donde puedes llevarla para echar un polvo rápido son innumerables, siempre que tengas un plan y que el momento sea oportuno, así que procura que no te descubran o será la última vez que ella esté dispuesta a hacerlo.

ENTRA EN EL CLUB DE LOS QUE FOLLAN EN EL AIRE

Supongo que ya habrás oído hablar de este club. Se podría decir que es como hacerlo en público pero a otro nivel, sumado a la mayor excitación que provoca. Este club tiene algo de legítimo puesto que este tipo de sexo en público ya dispone de un club con nombre propio.

¿En qué consiste este club? Sus miembros han sido definidos como esas personas que «tienen relaciones sexuales en un avión, a una altura de al menos 1.600 metros».

Hazlo en privado

Algunos lo hacen en el asiento, ya sea inclinándose de lado y penetrando desde atrás o incluso con la chica sentada en el regazo del hombre. El problema es que ambas posiciones resultan bastante obvias para los demás pasajeros o, si el avión está relativamente vacío, para el personal de vuelo, ya que te prestarán más atención. El baño, aunque muy pequeño, ofrece intimidad y por eso es preferible. A fin de cuentas, no estás cometiendo un delito y es mejor aguantarse la vergüenza de que te vean salir del baño con ella a que te descubran en plena faena.

Técnicas y posiciones

Si lo haces en el lavabo, evidentemente será más fácil en uno de primera clase. Sea como sea, no tienes demasiadas opciones en cuanto a la posición:

- Felación, ella sentada y tú de pie.
- Cunnilingus, ella de pie, tú en cuclillas.
- Penetración por detrás.
- Penetración: ella sentada en el borde del lavamanos, tú de pie.
- Penetración: posición del misionero de pie (si ella es más alta que tú).

Siéntate cerca de un lavabo

Si planeas hacerlo, procura sentarte cerca de un lavabo, ya sea en la parte posterior del avión o, en un Jumbo, cerca de la mampara y lejos de la cocina; así evitarás que te descubran entrando al lavabo.

Dirigíos al lavabo por separado

Siempre que no haya cola, claro. Llama a la puerta para que los demás pasajeros —que han olvidado que ya hay alguien en el lavabo— crean que llamas para comprobar que está desocupado.

Hazlo mientras los demás pasajeros duermen

Intenta hacerlo cuando la mayoría esté dormida. Un vuelo nocturno es perfecto, pero no lo hagas al final de la película.

Ponte ropa suelta

Si lo planificas con antelación, ponte ropa fácil de desabotonar.

REGLA 9: ADÁPTATE A ELLA

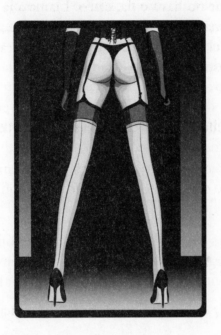

Una mujer es una criatura bella y única, y no hay dos iguales, así que trata a cada una de manera individual y adáptate a sus necesidades y deseos. Podría tener el período, carecer de confianza, ser mayor o menor que tú y tener más o menos experiencia, e incluso estar despechada. Sean cuales sean las circunstancias, sé sensible y esmérate por comprenderla. Te garantizo que si le prestas atención, le resultarás increíblemente sexy.

CÓMO EL PERÍODO AFECTA SU LIBIDO

¿Te gustaría saber con anterioridad cuándo se morirá de ganas? Aunque no lo creas, es perfectamente posible. Limítate a investigar un poco, hacerte con un calendario, observarla con atención... y ya estarás en condiciones de aprovechar el erotismo femenino proporcionado por la naturaleza (y no pisar el territorio de una mujer con el síndrome premenstrual).

Ha quedado demostrado más allá de cualquier duda que el deseo sexual de una mujer aumenta durante (y justo después) de la ovulación. Desde esa perspectiva, consideremos cuáles son los mejores momentos para hacer el amor con una mujer y cómo aprovecharlos.

¿Cuál es el mejor momento para ponerse cachondo?

La respuesta es sencilla: durante la ovulación, cuando la fertilidad de la mujer es mayor. Pero también debes saber qué es la ovulación y cómo descubrir cuándo está ocurriendo.

¿Qué es la ovulación?

Supone el paso de un óvulo desde los ovarios al útero, dispuesto a ser fertilizado. Cuando el óvulo ocupa el sitio adecuado para la fertilización, la libido femenina alcanza su punto máximo. Es el único momento del mes en que es fértil y sólo hay un lapso de entre 12 y 24 horas en que puede quedar embarazada. Las hormonas liberadas en ese momento aumentan la sensibilidad de todos sus sentidos, sobre todo el olfato y el tacto.

Por qué la ovulación te favorece

No es casualidad que las relaciones de una sola noche a menudo acaben en un embarazo. Durante la ovulación, el cuerpo no deja de enviar el siguiente mensaje: «¡Fecúndame!» En otros momentos, el cuerpo no fomenta la cópula y es entonces cuando podrás predecir la conducta de la mujer, porque su cuerpo no sufre alteraciones. (No todas las mujeres tienen un ciclo menstrual regular, pero sí la mayoría.) Es mucho más probable que diga sí si está ovulando, y eso te favorece, pero has de tener en cuenta que su cuerpo hará todo lo posible por quedarse en estado, así que a menos que estés dispuesto a convertirte en padre, ve con cuidado.

¿En qué momento se produce la ovulación?

Como los ciclos de las mujeres presentan variaciones —algunas tienen un ciclo de 20 días, otras de 60—, resulta bastante complicado establecer el día exacto de la ovulación. Ocurre entre 14 y 16 días antes del primer día del período, no 14 o 16 días después (a menos que tenga un ciclo completamente regular de 28 días). El número de días anteriores y posteriores al período puede variar, la ovulación no ocurre justo en el medio.

¿En qué piensa mientras ovula?

Durante la ovulación, las mujeres sienten el deseo de hacer el amor con hombres atractivos. Claro que ese atractivo siempre depende del cristal con que se mira, y en esos días las exigencias suelen ser menores. El deseo de sexo con penetración con un hombre puede ser mayúsculo. Las ganas de retozar con un cuerpo masculino son intensas y a menudo irresistibles.

Las mujeres que están ovulando suelen ser más accesibles y comportarse de manera más provocativa. Este momento del ciclo femenino es muy diferente del resto porque su sexualidad se convierte en un cartel luminoso donde pone «Fertilidad». Se siente sexy y deseable, y su energía femenina burbujea.

Sexo durante el período

Casi todas las mujeres sienten un mayor impulso sexual durante el período, pero el momento no es el ideal y, pese a sus ganas, habrá algunas que no querrán hacer el amor debido a las circunstancias y complicaciones. Por ejemplo, si está usando un tampón, quitárselo puede resecarle la vagina, que tardará en lubricarse naturalmente (no con la sangre). Si lleva un paño higiénico, puede que el olor de su vagina y la sangre la avergüencen. No querrá que lo veas y tendrá que prepararse en privado, restándole espontaneidad al asunto.

El otro problema es la sangre. Para algunas chicas no supone ningún inconveniente: están acostumbradas a la sangre y las manchas en las sábanas, pero a muchos hombres les produce aprensión, así que la decisión de hacer el amor durante esos días depende de ambos.

Efectos de la píldora en la libido

Las píldoras anticonceptivas tienen dos efectos sobre la libido femenina. La falta de hormonas y la ausencia de cambios químicos pueden nivelar el deseo sexual y la libido durante todo el ciclo, y eso resulta peligroso porque si el nivel de su libido es bajo, podría permanecer así. Por otra parte, también puede permanecer elevado. Si la libido de una mujer es baja, las píldoras no tienden a aumentarla.

Las píldoras anticonceptivas evitan la ovulación, que es el momento cumbre de la fertilidad femenina, y por ello el del deseo sexual biológico. Éste ha de activarse mediante otras hormonas naturales (la progesterona) y los resultados a veces son inciertos, sobre todo cuando se introducen hormonas artificiales en el cuerpo de la mujer.

Para disfrutar de una buena experiencia sexual, guíate por el ciclo menstrual de las mujeres. Aprovéchalo y cosecha los beneficios para disfrutar de más sexo y de mejor calidad, además de una mayor comunicación con tu pareja. ¡Saber es poder!

OCHO SITUACIONES EN QUE LAS MUJERES QUIEREN SEXO

Es evidente que su libido no sólo obedece a su ciclo menstrual; también se verá afectada por las circunstancias. Así pues, veamos cuándo tienes el sexo prácticamente garantizado. Echemos un vistazo a las ocho situaciones en que las mujeres están más cachondas.

1. Después de una pelea

El concepto del «sexo reconciliador» no es ningún mito. Una discusión acalorada con tu chica tiende a hacerte hervir la sangre y acelerarte el corazón, pero una vez que ambos os hayáis desahogado a fondo, no hay nada como darle la vuelta a la discusión, tomarla en brazos, besarla apasionadamente y dejar que tus emociones hagan lo demás.

Y no importa que la hayas hecho llorar. Deja que se tranquilice, sécale las lágrimas y hazle el amor.

2. Un acontecimiento feliz

Al igual que la ira y la tristeza, la felicidad también puede ponerla a tono. Así que si acaba de obtener un diploma o un buen empleo, o acaba de descubrir que está embarazada, o ha ocurrido alguna otra cosa digna de ser celebrada, habrá llegado el momento para aprovechar toda esa energía positiva y convertirla en un buen revolcón.

3. Una situación estresante

En general, el estrés no se considera una emoción intensa, pero puede aumentar la libido de una mujer. Si últimamente tu chica se comporta como una gallina sin cabeza, a lo mejor le encantaría que le ofrezcas la oportunidad de deshacerse de la tensión, y esto también se aplica a la jaqueca inducida por el estrés. Es verdad: un revolcón a menudo hace desaparecer esas jaquecas, así que no olvides decírselo la próxima vez que te salga con que «está cansada».

4. Los celos

En este caso, no nos referimos a los celos enfermizos o delirantes, sino a esa punzada de inseguridad que la ataca cuando otra mujer compite con ella y te tira los tejos, por así decirlo. Después de una velada dedicada a ver cómo otras mujeres intentan ligar con su hombre, quizá quiera recordarte uno de los motivos importantes por los cuales estás con ella y no con las otras. Pero no te esfuerces en ponerla celosa, porque a la larga sólo conseguirás herirla y confundirla, y tus posibilidades de echar un polvo caerán en picado.

5. La juerga

No estamos recomendándote que la emborraches y te aproveches de ella, pero unos bailes y unas copas resultan estupendos para ponerla a tono. Sírvele su copa favorita, baila con ella lentamente en el salón, y verás cómo sus inhibiciones se disipan y te permiten ponerte manos a la obra.

6. Una película sexy

Una tórrida escena protagonizada por su galán predilecto podría servir para calentarla y prepararla para hacer el amor contigo. Convierte la próxima velada aburrida viendo una película en una noche inolvidable.

7. Abstinencia

Si la mujer que pretendes conquistar ha estado sola durante un tiempo y no es un ligue de una noche, a lo mejor está buscando a un hombre que sirva para acabar con su sequía, y ése podrías ser tú.

8. La creatividad

Si tu chica es creativa en la cocina (o en el arte o la música), podrías aprovechar la ocasión y, la próxima vez que esté preparando alguna exquisitez para ti, intenta deslizarte en la cocina y hacer el amor antes de cenar.

Las mujeres tienen ganas de sexo más a menudo de lo que crees. Lo único que has de hacer es darte cuenta y aprovechar las circunstancias. Así que la próxima vez que llegue a casa estresada después del trabajo, en vez de enfurruñarte porque esa noche no follarás, espérala con una copa de vino, pon música suave en el estéreo y hazle arrumacos. La pelota está en tu tejado.

COSAS QUE REDUCEN SU LIBIDO

He aquí varias circunstancias que podrían afectar su impulso sexual, desde las píldoras anticonceptivas hasta sus actividades.

La confianza
La falta de confianza y el estrés son dos importantes impedimentos para una vida sexual satisfactoria. Una mala imagen de sí misma provoca sensaciones muy negativas, y el tema del sobrepeso encabeza la lista. Una mujer puede tardar mucho

tiempo en sentirse cómoda con su aspecto. En estos casos, lo mejor que puedes hacer para tranquilizarla es decirle que es guapa y deseable.

La ansiedad

Debes procurar aliviarla, pero el cómo depende de ella y de ti. Debes procurar que acceda a que le des un buen masaje y muchos mimos. Es una buena manera de alcanzar tu objetivo.

Falta de ejercicio

El impulso sexual de las mujeres que hacen ejercicio con regularidad es más elevado y sus menstruaciones suelen ser menos dolorosas, así que si quieres que tu vida sexual sea más plena, proponle ejercicios que podáis realizar juntos, como ir a correr o patinar. Además, incrementarás tu salud y tu felicidad.

Sobrecarga de toxinas

Si no eliminamos las toxinas acumuladas en el cuerpo, éstas se acumulan y causan acné, malos olores y un bajón de energía. Fumar, la contaminación ambiental, la falta de ejercicio, una dieta poco saludable y el sobrepeso reducen nuestro bienestar y además acaban con el impulso sexual.

La píldora anticonceptiva

Como ya hemos comentado, la píldora tiene un efecto negativo sobre la libido femenina. El nivel hormonal se aplana y hace desaparecer el momento de mayor deseo sexual durante la ovulación y justo antes de la regla. Puede que dejar la píldora no sea la mejor solución, así que dile que pida otro método anticonceptivo a su médico.

Antidepresivos

Algunos aumentan la libido femenina y otros la reducen considerablemente. Hay algunos que tienen efectos secundarios más leves, así que si uno no funciona, existen otras opciones.

CUATRO RAZONES POR LAS QUE HA DEJADO DE ACOSTARSE CONTIGO

Por cada situación en que una mujer tiene ganas de practicar el sexo, parecen haber dos en las cuales no quiere. A veces la ausencia de libido puede imputarse a circunstancias físicas o del entorno, pero con frecuencia su falta de entusiasmo se debe a razones totalmente diferentes, y puede que tú tengas la culpa de algunas. Sigue leyendo para descubrir algunas de las principales razones por las que las mujeres dejan de acostarse con su pareja, y por qué ocurre.

1. Está enfadada contigo

A casi todas las mujeres les resulta imposible acostarse con un hombre con el que están enfadadas. Y por desgracia para ti, muchas reprimen su resentimiento en vez de explicarte el motivo de su enfado. Eso significa que tu chica puede estar sumamente enfadada contigo pese a que tú no recuerdes haber hecho nada malo.

Solución: Háblale y pregúntale tranquilamente si has hecho algo para enfadarla. Si responde que no y procura cambiar de tema, insiste y pídele que sea sincera. A lo mejor, cuando se haya desahogado, podréis reconciliaros con una gran sesión de sexo.

2. Está abrumada

Tal vez tu chica no tenga ganas de sexo porque últimamente la abruma el trabajo, las visitas al gimnasio, las clases nocturnas, las cenas en familia, las copas con los amigos, la limpieza del hogar y la preparación de tu cena.

Solución: Esta noche, cuando regrese a casa, ofrécete a ayudarla a preparar la cena y lava los platos. Y dile que sólo ha de beber una copa de vino y relajarse. Se sentirá tan amada y apreciada que estará dispuesta a hacer cualquier cosa para recompensarte.

3. No se siente sexy

Es muy sencillo: si tu novia no se siente sexy, no tendrá ganas de hacer el amor. Tal vez ha engordado un par de kilos, está agotada o alguien la ha criticado. A menudo las mujeres se juzgan con excesiva dureza.

Solución: Anímala a dedicar cierto tiempo a mimarse. Podrías regalarle una tarde en el *spa*, o aún mejor, darle un masaje prolongado. A veces algo tan sencillo como un cumplido le recordará cuán atractiva la consideras y su deseo de acostarse contigo renacerá de las cenizas.

4. Se aburre en la cama

Quizá ya no quiere acostarse contigo porque todo se ha vuelto aburrido y rutinario. Si empieza a bostezar mientras hacéis el amor, o aún peor, si tú prefieres ver la tele en vez de follar, entonces es probable que ése sea el motivo.

Solución: Haz el amor en lugares distintos, por ejemplo al aire libre. Compra afrodisíacos como el chocolate y las fresas. Cómprale ropa interior sexy o un juguete sexual. Ya sabes a qué me refiero.

Aunque pueda haber otras razones por las que se niega a acostarse contigo, éstas son las más comunes. Algunas son más fáciles de remediar que otras. A veces sólo es necesario comunicarse abiertamente con ella.

CÓMO SUPERAR SU MIEDO A LA INTIMIDAD

Quizás alguna vez te has encontrado con una mujer que teme la intimidad. Puede que sea extrovertida y confiada, tímida y angustiada, o ambas cosas. En todo caso, no dejará que nadie se le acerque demasiado.

El problema es que tú querías acercarte a ella pero no tenías ni idea de cómo hacerlo. He aquí algunas maneras de descubrir a las mujeres que temen la intimidad, las diversas causas que provocan este temor y, dentro de lo posible, modos de superarlo.

Mala imagen corporal

Todas las mujeres tienen problemas con alguna parte de su cuerpo, tales como el trasero, los muslos o los pechos, pero hay dos tipos de mujeres: las que intentan remediarlo haciendo ejercicio, alimentándose correctamente y cuidándose, y las que se sienten víctimas de su propio cuerpo y se limitan a lamentarse. Mientras que las primeras no tienen dudas acerca de su aspecto, la autoestima de las segundas puede verse afectada por algo tan insignificante como un anuncio publicitario.

Este tipo de mujer suele temer la intimidad porque cree que los hombres juzgarán su cuerpo imperfecto con la misma dureza que ella.

Superar este complejo no es fácil; sentirse bien en la propia piel es un requisito previo bastante imprescindible para tener una relación satisfactoria con otra persona. Sin embargo, puedes tomar ciertas medidas para conseguir que se sienta más cómoda.

Si está acomplejada por sus caderas y a ti te parecen sexys, no dejes de decírselo. Y acarícialas. Después de un tiempo dejará de pensar en ellas y permitirá que les eches un vistazo.

Si su inseguridad va aún más allá, cómprale un camisón sexy, dile que se lo ponga y apaga algunas luces: de esa manera se sentirá menos cohibida y tú te anotarás unos tantos por ser todo un caballero.

Falta de experiencia

Su temor a la intimidad podría estar originado por falta de experiencia. Tal vez es virgen (sí: aún las hay), o quizá sólo ha tenido un par de relaciones breves. También puede que su inexperiencia se deba a que ha estado con el mismo hombre durante años y la idea de estar con otro, aunque la excite, también la asusta.

Sea como sea, la clave consiste en avanzar muy lentamente y ganar su confianza demostrándole que eres un tipo estupendo. Una vez que lo hayas conseguido, podrás dar el primer paso. No olvides tratarla con mucha suavidad; finalmente acabará por entregarse.

Corazón destrozado

Si hace poco que le destrozaron el corazón, puede que una mujer se resista a volver a enamorarse. Quizá su último novio no la trató bien o la engañó. En ese caso, tendrás que esforzarte muchísimo, porque ella estará a la defensiva y sólo bajará la guardia ante un hombre extraordinario. De hecho, sólo estará dispuesta a emprender una nueva relación si considera que el hombre en cuestión es de confiar y no le hará daño.

El problema es que si simulas ser una persona semejante, ella considerará que eres un embustero y el tiro te saldrá por la culata. Si estás seguro de que quieres enfrentarte a este problema, anímala a hablar de su pasado, en caso de que ella lo desee. Entonces será ella quien decidirá cuándo y con quién tiene ganas de iniciar una nueva relación, que ojalá sea sexual.

Ya lo ha visto todo

Tal vez la mujer que persigues tiene miedo porque ya ha visto más de lo soportable: demasiadas relaciones fracasadas, individuos problemáticos, y suficiente odio, codicia, dolor, celos, injusticia y pena para toda una vida. Alguien que conoce el lado oscuro del ser humano estará muy en guardia y no dejará que cualquiera entre en su vida.

En general, una mujer semejante será bastante intuitiva y aprovechará esa intuición con respecto a los demás para determinar quién merece su confianza. Si es una persona de buen corazón querrá saber si tú también lo eres y comprobar que no eres propenso a sufrir los diversos tipos de locura que ha observado en otras personas y relaciones. Así que no dejes de conservar cierto misterio, pero sé bondadoso.

Una cuestión de confianza

La confianza es una cuestión muy importante para las mujeres que temen la intimidad, así que si no te muestras digno de confianza, tus posibilidades se reducirán drásticamente. Pero si lo eres, no intentes analizarla. Aunque en el fondo todos queremos ser comprendidos, nadie quiere ser psicoanalizado por su amante: sé su amigo, no su terapeuta.

Una última cuestión: no malinterpretes su falta de interés confundiéndolo con temor a la intimidad; puede que no le intereses sexualmente, y punto. A lo mejor es muy exigente y está esperando al príncipe azul que cumpla con sus expectativas en la cama.

SEIS COSAS PERVERSILLAS QUE LE ENCANTAN PERO QUE NO TE DIRÁ

He aquí seis cosas perversillas con las que tu chica tal vez fantasee, pero es demasiado tímida para decírtelas.

1. Masturbarse
La masturbación es un aspecto sano de la vida, así que ¿por qué no compartirlo con tu pareja? Si no eres demasiado tímido, baja la guardia y deja que te contemple. El elemento *voyeurista* supone un halo de misterio que podría resultarle atractivo.

2. Sexo anal
El sexo anal siempre ha existido, pero tiende a tener un estigma negativo. Quizá por eso algunas parejas no se atreven a aventurarse en ese territorio desconocido y algunas mujeres no osan proponerlo. Empieza por abrazarla por detrás: es una manera lenta e íntima de iniciar el sexo anal.

3. Sadomaso

¿Es una fanática del control? Entonces tal vez quiera practicar un poco de sadomaso. En algún momento puede volverse un tanto doloroso, así que antes de que empiece a derramarte cera encima del cuerpo o pellizcarte los pezones, has de acordar una palabra contraseña para detener la acción, como «cebra» o «queso», para que ella sepa cuándo interrumpir la tortura.

4. Artilugios

Los juguetes sexuales son un modo divertido y excitante para reincorporar un poco de ardor al dormitorio. Empieza por usar aceites para masaje tibios y de diversos sabores, después unta sus genitales con un lubricante que realce su orgasmo y contempla cómo disfruta con un juguete sexual.

5. A escena

A lo mejor le gustaría representar un papel perversillo. Elegid una escena interesante o imitad a una pareja sexy real, luego disfrazaos y dejaos guiar por vuestra imaginación.

6. Los tríos

Claro que no eres el único que fantasea con un trío. Algunas mujeres también lo hacen. Pero no olvides lo siguiente: antes de empezar a recorrer la lista de sus amigas como posibles candidatas, ten en cuenta que los tríos suponen un riesgo para una relación. Has de comentarlo a fondo para acordar los límites de este retozo.

POSICIONES PARA DIVERSOS TIPOS DE CUERPOS

Adaptarte a ella a menudo supone algo más que adaptarte a su carácter o su personalidad; también significa alinear vuestros cuerpos. Tu físico, tu estatura y tu flexibilidad

VISTA POSTERIOR

Vista posterior: Esta postura es idónea si uno o ambos sufren sobrepeso. ¡De pie e inclinado hacia delante es el estilo perrito y todos conocen esta posición! Lo importante es que los genitales de ambos estén alineados. Él puede apoyar el vientre en el trasero de ella para penetrarla sin que su vientre se interponga. También podéis poneros de pie y ella apoyar los brazos en la cama o el sofá, según la altura de éste; otra opción es que tú te pongas de pie y le proporciones el máximo placer mientras ella apoya media espalda en la cama con las piernas abiertas y encogidas; también puedes sorprenderla besando esos voluptuosos labios inferiores.

Estatura

Si el hombre es mucho más alto que la mujer, o si su cabeza está a la misma altura que sus pechos, la diferencia de estatura supone un desafío.

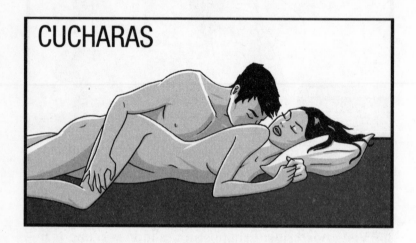

CUCHARAS

Cucharas: Ésta es una posición ideal para todos los amantes. Es íntima y cariñosa, y la estatura de cada cual es indiferente. Penétrala por detrás y, como la penetración no será muy profunda, bésale la espalda y acaríciale los pezones y el clítoris con las manos. Para una penetración más profunda, tumbaos en un ángulo de 45° cuyo vértice es la unión de vuestros genitales (en forma de «V»).

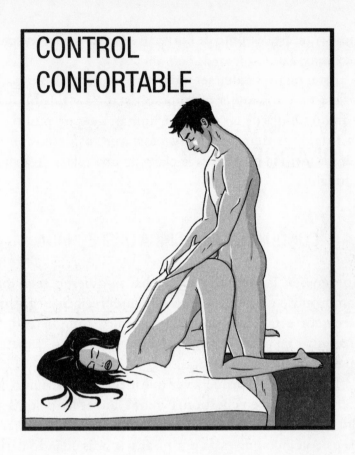

CONTROL CONFORTABLE

Control confortable: Si a ti te gusta controlar y a tu amante le gusta que la dominen, ésta es una nueva manera de penetrarla por detrás. Ella se arrodilla en el borde de la cama con la cara apoyada contra la sábana y el trasero levantado. Penétrala lentamente y lleva sus brazos hacia atrás. Dile que te agarre de las muñecas o los antebrazos y sostenla con firmeza. Tú marcas el ritmo y la profundidad de la penetración.

Advertencia: Ella debe estar cómoda. No intentes forzar sus brazos o sus piernas hacia atrás o inclinarla más de lo normal. Si ves que parece tensa y que su expresión no indica que está a punto de correrse, retírate y procede con más suavidad.

Éstas no pretenden ser todas las posturas posibles para satisfacer a una mujer cuyo peso, estatura y flexibilidad sean diferentes de las tuyas. Se limitan a ser un punto de partida. Disfrutar del otro y satisfacer sus deseos en la mayor medida posible es la clave de una relación sexual saludable.

CONQUISTAR A LA CHICA DESPECHADA

En general, las mujeres despechadas quieren sexo sin compromiso... o al menos eso es lo que creen. Si juegas tus cartas correctamente, podrás beneficiarte conquistando a una mujer en busca de una nueva pareja. Pero si cometes un error, te verás en un lío.

Incluso si es la primera vez que juegas en el «campo de golf» femenino en cuestión, evitarás lanzar las pelotas al agua si dispones de información general acerca del terreno psicológico que estás por pisar y sabrás cuándo darle fuerte a la bola y cuándo golpearla con suavidad... y siempre la meterás en el hoyo.

La chica despechada

O bien su novio la dejó o ella lo dejó a él. Si se lo toma con una sonrisa, llevas las de ganar. Sólo tendrás que parecer mejor que él y todo saldrá a pedir de boca.

Si está al acecho, habrás de ser el primero que llama su atención porque ése podría ser el agraciado, sin arriesgarse a iniciar una relación a largo plazo.

Ten presente que para ella no sólo se trata de sexo. Quiere sexo porque quiere demostrarse a sí misma que es atractiva. Quiere estar segura de no haberse equivocado al dejar a su novio, si eso es lo que ocurrió. O si ella es la dejada, quiere convencerse de que quien tenía problemas era él.

Sólo tendrás que acariciar las teclas psicológicas correctas (hacerle cumplidos) y algunas de las físicas, y todo será miel sobre hojuelas.

PROS

He aquí algunos motivos para intentarlo con la nueva chica disponible:

Sexo fácil: Ya está todo dicho.

Sexo salvaje: Tiene mucha energía acumulada y quiere que le recuerden lo que el sexo puede suponer.

Quiere libertad (es decir, nada de compromisos): Si la dejaron, quiere ser ella quien esté al mando (oye, ser el que está debajo no está tan mal). O quizá quiere que un hombre esté más al mando que el anterior.

CONTRAS

Saber qué has de esperar es la mejor manera de estar preparado y evitar sorpresas desagradables. Éstos son algunos de los contras de salir con una chica despechada.

Lleva una carga emocional: Aquí es donde las cosas se complican. Para una mujer, el sexo por despecho se parece a una noche en el Club Med sólo para chicas: una escapada. Así que habla de temas triviales y evita los emocionales. Lo último que quieres es convertirte en su amigo y ofrecerle el hombro para enjugar sus lágrimas.

Es probable que te haga la pelota para conseguir lo que quiere: sexo: Eso podría confundirte y hacer que te enamores. No olvides que las mujeres despechadas requieren espacio y una vía de escape. Tenlo en cuenta y tómalo con calma, así no correrás el riesgo de que te magullen el ego.

Así como ha venido se irá: Prepárate para lo inesperado. Ella se está divirtiendo y no le importará herirte. Después de todo, ha sufrido heridas y puedes apostar a que quiere romper algún corazón. Por tanto, cuando deje de telefonearte, tómalo como una señal de que se ha acabado y no la persigas.

Su novio reaparece: Las mujeres despechadas tienden a devolver el golpe bajo. Si eso te ocurre a ti, no te preocupes. Limítate a darle algunos consejos al novio acerca de lo que le gusta a su novia. Y no olvides esa sonrisa.

Supongamos que estás en un bar con un par de amigos y logras introducirte en un grupo de mujeres atractivas. Intentas ligar con la más guapa, que, como en muchas ocasiones, no es la más interesante ni la más extrovertida.

Tras algunas bromas, le haces un gran cumplido, ella se ruboriza, tú le preguntas si se trata de una salida sólo de chicas y si es por eso que su novio no la acompaña.

—Pues en realidad acabo de romper con una relación bastante importante —dice ella.

—Ah —respondes con tono neutro, ni sorprendido ni lúbrico.

El enfoque

Aunque no parezca la más animada de la fiesta, quizá le gustaría animarse en un lugar un poco más íntimo. Presta mucha atención a lo que acaba de decirte: toma nota de su expresión facial y su lenguaje corporal, porque no te lo ha dicho sólo por hablar.

Los significados serán uno de estos dos:

1. Una señal de advertencia: «Trátame con cuidado, estoy muy frágil.»
2. Una invitación.

Si lo ha dicho en un tono alegre tipo «abajo las relaciones estables, es hora de dedicarse a la juerga», indícale que lo has comprendido tocándole el hombro, para que sepa que estás de acuerdo.

Di algo como «Oye, quizá sea un buen momento para disfrutar de la vida de soltera. Más tarde acudiré a una fiesta en un *after-hours*. ¿Quieres acompañarme, junto con tus amigas?»

Si no recibes ninguna señal positiva, es hora de pasar página.

He aquí algunos consejos:

Actúa con rapidez

Si no lo hace contigo, es probable que lo haga con el próximo. Ten presente que podría volver con su ex, así que demuéstrale que esta noche eres el tío más explosivo con que podrá encontrarse.

Escúchala

Dile cosas como «No puedo creer que tu ex te haya dejado». Sé sensible, pero no intentes obtener demasiada información. Pasa a un tema relacionado pero menos intenso en cuanto puedas; así evitarás quedar atrapado en un torbellino emocional o, aún peor, ser etiquetado como «el amigo».

Descífrala

Intenta descubrir si es fría o apasionada y después imítala. Si es apasionada, demuestra que aprecias su actitud rebelde tanto verbal como físicamente.

Halágala

Empieza por mencionar algo un tanto negativo (el célebre impacto negativo) que suponga un desafío para ella y después conviértelo en una broma/cumplido.

Diviértete

No la presiones. Y como siempre, contempla las cosas con objetividad; demuéstrale que te entusiasma la idea pero que puedes tomarlo o dejarlo.

No hables de tus emociones

Ella ya tiene bastante con las suyas y está resentida con su ex novio o harta de él. Muéstrate firme como una roca y ella caerá a tus pies.

Cierra el pico

En otras palabras, no le proporciones demasiada información acerca de ti y sigue siendo misterioso.

El recuento final

Ir directamente al grano con una mujer que se encuentra en una situación quizá muy vulnerable tal vez parezca una crueldad, pero si ella reacciona positivamente frente a tus insinuaciones y consideras que quiere pasarlo bien —sin que ambos perdáis de vista el factor despecho—, no hay ningún motivo para que dos adultos rechacen una ocasión tan estupenda.

PROS Y CONTRAS DE SALIR CON UNA MUJER MAYOR

Ten en cuenta lo mucho que ha cambiado tu actitud con respecto al sexo a lo largo de los años. Tanto la reacción de los hombres frente a las mujeres como la manera de acercarse a ellas han evolucionado de manera drástica y, ¿sabes qué?, las de ellas también. Así que no resulta sorprendente que debamos acercarnos de manera diferente a mujeres de edades diferentes. Echemos un vistazo al arte de ligar con mujeres mayores.

Los contras

Las cargas

Es evidente que si se trata de una mujer de cuarenta años, cargará con ciertas cosas. Tanto los ex novios, como los maridos, hijos, ex hijastros, divorcios pendientes, presiones laborales, obligaciones económicas y deudas a menudo forman parte del paquete.

Si te lías con una mujer mayor, debes estar dispuesto a aceptar estas circunstancias y tener en cuenta que, en general, una mujer mayor tiene más preocupaciones que aquella alegre estudiante universitaria.

Señora Robinson

Es imposible negar el atractivo que rodea la relación entre una mujer mayor y un hombre joven, pero a diferencia de la situación inversa —cuando el hombre es bastante mayor que la mujer—, esta relación sigue siendo un tanto tabú.

Te guste o no te guste, liarte con una mujer mayor supone una situación que la mayoría —gente como tus padres y tu jefe— verán con malos ojos. El aspecto positivo es que quizá te conviertas en el héroe de tus compinches, que te suplicarán que les cuentes todos los detalles.

En cualquier caso, surgirán comentarios. Si la relación no te provoca inseguridad o si te gusta llamar la atención, entonces adelante.

La pantera

Algunas mujeres mayores reciben el apodo de «panteras» porque se dedican a cazar hombres jóvenes.

En esta clase de relación, las que están al mando suelen ser las mujeres. Algunos creen que una mujer que sale con un hombre más joven lo hace porque puede manipularlo con facilidad; que el hombre en cuestión estará tan impresionado que hará todo lo que ella le diga. Pero es una teoría que no siempre tiene validez.

Los pros

Chico juguete

Las mujeres mayores a menudo acaban de divorciarse y tienen ganas de echar un buen polvo. Liarse con un hombre joven que no desea una relación estable y tiene ganas de divertirse es la solución perfecta.

Los jóvenes tienen el aguante y la actitud despreocupada necesaria para satisfacer sus deseos. Así que si quieres aprender un par de cosas en la cama, líate con una mujer mayor, puesto que ya no tendrá inhibiciones, sabrá lo que quiere y probablemente te enseñe unos cuantos trucos.

Ya lo ha superado

En general, una mujer mayor ya se ha enfrentado a su inseguridad y sus temores y los ha superado a su manera. Tendrá la suficiente experiencia vital como para saber qué es importante y qué no lo es. Por consiguiente estará por encima de esas tonterías de las chicas de tu edad que te traen de cabeza. Una mujer mayor sabe lo que le sienta bien y lo que da aspecto de gorda, y también conoce las relaciones masculino-femeninas lo bastante bien como para no incurrir en esas trivialidades que suelen irritar a los hombres.

Estas mujeres poseen la seguridad en sí mismas proporcionada por la experiencia y saber que son capaces de enfrentarse a las circunstancias de la vida. Eso no significa que no tengan días malos, pero que cuando los tienen quizá se deba a algo más que el hecho de que les ha salido un grano y tienen que asistir a una fiesta aburrida esa noche.

Adelante

Al final, eres tú quien ha de sopesar los pros y los contras de semejante relación, y decidir si es lo que te conviene en ese momento. En fin, la expectativa de una experiencia sexual alucinante con una mujer mayor y experimentada, sin el compromiso de iniciar una relación a largo plazo... bueno, tú verás. Es una decisión difícil.

REGLA 10: EXPRÉSATE

Recuerdas la Regla Número 2, la conversación? Bien, la importancia de la comunicación no acaba tras el ligue. Es fundamental en cualquier relación, ya sea seria o intrascendente, tanto para reforzar los aspectos positivos como para desviar los negativos. Y en la cama resulta absolutamente fundamental. Es importante hablar de lo que te gusta y de lo que quisieras modificar en la relación. Y dominar el arte de decir guarradas también es bastante útil.

COMENTA LO QUE QUIERES EN LA CAMA

La mayoría de las parejas temen que si mencionan algo que les disgusta, la cosa acabará en discusión, pero no es necesariamente así. No te compliques la vida y si quieres que ella haga algo que te gusta —o que deje de hacer algo que no te gusta—, díselo. A nadie le gusta que lo critiquen, pero hay maneras de hacerse entender sin que ella se ofenda.

Ejerce de director de orquesta

Una de las mejores maneras de averiguar lo que le gusta cuando se trata de hacer el amor es empuñar la batuta. Bastará con que ambos os digáis qué queréis que haga el otro.

Cuando ella descienda hasta tu pene, dile qué hacer. Di cosas como: «Baja más... despacio... vuelve a subir... besa la punta... acarícialo con las manos... frótame el ano...» Supongo que ya me entiendes, pero ten presente que no eres un robot: susurra, gime de placer cuando lo haga correctamente y, cuando estés realmente excitado, manifiéstalo.

Ella también puede decirte qué hacer: puede agarrarte del cabello y mover las caderas hasta que tu lengua encuentre el punto ideal. Follar debe ser una experiencia divertida; reíos juntos.

Hablemos

Si ella no deja de morderte el pene creyendo que te gusta, o si te consta que ha estado simulando para acabar con el asunto cuanto antes, entonces quizás haya llegado el momento de hablar del sexo con sinceridad.

Pero en vez de hablar de todas las cosas que hace mal, has de centrarte en destacar lo que hace bien y lo que quisieras que te haga. Ten presente que cuando dices algo negativo como: «Aborrezco que...» te arriesgas a generar una discusión porque lo enfocas de manera equivocada.

Di cosas como: «Me encanta que...» y «Quiero que me chupes [tal o cual parte del cuerpo] porque sé que tu lengua obrará maravillas». Si tus comentarios son imaginativos, nunca serán tomados como una crítica.

Sin mediar palabra

También podéis sentaros desnudos uno frente al otro y dedicaros a acariciaros mutuamente.

Empieza por besar y acariciar las zonas que sueles pasar por alto durante el juego erótico y el coito, lenta y pacientemente. Olisquea su cuello, recorre su columna vertebral con los dedos, mordisquea sus caderas y muslos; haz cosas que la exciten.

Una vez que hayas explorado todas las zonas, dile que te corresponda. Ella descubrirá los puntos que te vuelven loco e incluso podrías acabar descubriendo cosas nuevas acerca de tu cuerpo y de lo que te empalma.

Tómate tu tiempo

Cuando se trata de follar, nunca hay prisa (a menos que hayas de estar en la oficina dentro de media hora), así que no te apresures y no te saltes el juego erótico: es imprescindible para que el sexo sea verdaderamente gratificante.

Si eres capaz de tener relaciones sexuales con tu pareja, también deberías poder comentar con ella lo que te gusta y lo que te disgusta. O mejor aún, en vez de iros directamente a la cama, dedicad cierto tiempo a conoceros y, mediante una conversación sugerente, procurad averiguar lo que os gusta a ambos.

Hablar claro

Si nunca le dices lo que te gusta, es posible que ella jamás lo descubra. Y si quieres complacerla, has de aceptar algunas de sus críticas constructivas. Pero no olvides que quizás ella no sepa ser diplomática al hablar de sexo.

Si vuestra relación ha alcanzado un punto en que ambos estáis cómodos, entonces puedes ser absolutamente sincero con ella. Recuerda que si no estás conforme con tu vida sexual, otros aspectos de la relación pueden empezar a deteriorarse.

No intentas iniciar una pelea; lo que quieres es comprenderla y que ella te comprenda para añadirle sabor a lo que podría ser el mejor sexo que jamás hayas disfrutado.

DILE LO QUE SIENTES CON RESPECTO AL SEXO

¿Verdad que sería estupendo poder decirle cualquier cosa a tu chica sin que se ofenda? Bueno, eso jamás ocurrirá, pero hay modos de criticar lo que hace en la cama —sin molestarla— que la alentarán a complacerte.

He aquí las quejas más habituales de los hombres respecto a sus chicas, y cómo enfocarlas:

En lugar de decirle: «De vez en cuando debes ser tú quien empiece.»

Empieza por contarle una fantasía en la que ella inicia el asunto y comenta los detalles de cómo te seduce.

Si eso no funciona, di algo como: «Debes estar harta de que siempre sea yo quien te seduce... Además, me excitaría mucho que tú me sedujeras a mí.» Si lo hace, siempre has de reaccionar positivamente.

En vez de decir: «Eres pésima haciendo sexo oral.»

Empieza por decirle lo que sí te gusta cuando te hace una felación.

Otra opción es alquilar una película pornográfica. No hay nada como un buen ejemplo para que aprenda.

Y por fin, indícale lo que quieres, pero con delicadeza. Cuando haga algo correctamente, gime y díselo para que lo sepa.

En vez de decir: «¡Tu vagina apesta!»

No digas nada. Métete en la ducha con ella y ayúdala a higienizarse antes de hacer el amor. Y dile que haga lo mismo por ti, de lo contrario podrías despertar sus sospechas.

Después olisquea todo su cuerpo y comenta cuánto te gusta ese olor a limpio. Y cuando le hagas un cunnilingus, dile lo mucho que disfrutas con el sabor fresco de su vagina.

En vez de decir: «Aborrezco que...»

Empieza por representar un papel, pero no hagas de médico ni de proxeneta. En cambio, adopta su papel en el dormitorio y dile que ella adopte el tuyo: así podrás mostrarle lo que quieres que haga. Si demuestras cuánto placer te provoca, ella sabrá qué tiene que hacer.

Y si eso no funcionara, dile que no te gusta que te chupe los pezones, por ejemplo, porque son demasiado sensibles. Procura no ser negativo (evita palabras como «nunca», «no lo hagas», «aborrezco» y «no»), pero haz que comprenda el mensaje.

No seas categórico

Algunas mujeres creen que a todos los hombres les gusta lo mismo en la cama. De ti depende explicarle que no es así. Dile lo que quieres y lo que no quieres, pero usa palabras suaves y no la insultes.

LO MEJOR QUE PUEDES DECIRLE A UNA MUJER EN LA CAMA

En el fondo, las mujeres son criaturas verbales. Por eso leen novelas eróticas, se enganchan a los culebrones televisivos y les encantan los hombres con acento extranjero, porque hacen que sientan lo mismo que nosotros cuando vemos una mujer guapa de grandes pechos.

Sin embargo, lo que las excita a ellas es muy diferente de lo que nos empalma a nosotros. Si eres capaz de describir algo erótico en pocas palabras lograrás excitarlas, así que aprender a usar las palabras correctas te supondrá una gran ventaja. Tenlo presente; he aquí algunas de las mejores cosas que puedes decirle a una mujer cuando hayas conseguido quitarle esa ropa tan molesta.

«Quiero darte placer.»

Sencillo pero eficaz. Una excelente manera de conseguir que se relaje y comprenda que acostarse contigo ha sido una buena decisión. Díselo justo antes o durante el juego erótico para causar el máximo efecto.

«Adoro tus grititos cuando tienes un orgasmo.»

Si la conoces bien y sabes que efectivamente tiene orgasmos, esta frase es la correcta. Aunque tengan un orgasmo, algunas mujeres se sienten cohibidas y reprimen sus gritos, pero a casi todos nos gusta que se manifiesten, porque confirma que les damos placer. Anímala a subir el volumen diciéndole cuánto disfrutas con ello.

«Tienes un/una [tal o cual parte del cuerpo] muy atractivo/a.»

Elige una parte de su cuerpo, pero que sea una de la que ella se sienta orgullosa; así evitarás las controversias. Las mujeres destacan por la incomodidad que les provocan los cumplidos torpes acerca de su cuerpo, así que ve con cuidado.

«Me encanta tu sabor. Podría quedarme aquí abajo durante horas.»

Esto la convencerá de que te gusta practicar el sexo oral con ella y que esa zona no tiene un olor desagradable. Dilo durante una breve pausa o inmediatamente después.

«¿Qué estás imaginando ahora mismo?»

Esto la animará a hablar de sus deseos sexuales y a participar en lo que está ocurriendo. La idea consiste en que se libere de sus fantasías reprimidas, que de lo contrario no mencionaría.

«¡Qué placer! Me encanta cuando [tal o cual acción].»

Una vez más, la idea es que se sienta más cómoda (y halagar su ego) con un comentario positivo. Y oye: si sabe que eso te gusta, a lo mejor tomará nota para el futuro.

«¡Qué bien haces [tal o cual acción]!»

Cuando ella haga algo que te guste, díselo. Al igual que nosotros, las mujeres se enorgullecen de ser buenas en la cama. Dilo enfatizando la palabra «bien».

«Tienes la piel tan suave...»

Las mujeres dedican mucho tiempo a aplicarse cosas como mantequilla de cacao en el cuerpo después de ducharse. Es hora de demostrar nuestra apreciación por este curioso ritual con un cumplido. Como es un comentario seductor, es mejor hacerlo antes de follar. Sin embargo, también puedes decirlo después.

«Quiero besar cada centímetro de tu cuerpo.»

A las mujeres les encantan los juegos eróticos y los mimos. Aunque en realidad no le besarás cada centímetro cuadrado del cuerpo, ella sabrá que la adoras y aprecias totalmente, y eso resulta muy tranquilizador.

«Nunca sentí tanto placer como ahora.»

Las mujeres adoran ser consideradas especiales, diferentes y únicas. Si te hace algo en la cama que te da mucho placer, díselo. Pero hazlo con tanta sinceridad que ella creerá que bautizarás tu coche con su nombre. Pero no te equivoques: no le digas que es la mejor; sería una exageración.

«¡Eres tan [término soez] cuando te pones caliente!»

A menudo lo mejor es ser directo. Y decir palabrotas es una manera de informarle que lo dices en serio. A las mujeres suelen gustarles los machotes tipo John Wayne.

Pero ojo: comprueba su reacción. Si hace meses que sales con ella y de repente sueltas palabras soeces en la cama, puede que tu procacidad la desconcierte.

Elige tus palabras sabiamente

No debería sorprenderte que las mujeres adoren a los hombres que dicen lo correcto. Es la segunda mejor manera en que les gusta que usemos la lengua. Estudia las frases que figuran arriba y adáptalas a tus fines.

DECIR GUARRADAS EN LA CAMA

La otra noche, cuando tú y tu amiguita estabais en la cama poniéndoos cachondos, ella te susurró esas dos palabritas —que desconciertan a prácticamente todos los hombres— al oído: «Dime guarradas.»

¿Y ahora qué has de decir? ¿Qué es lo que ella quiere oír? ¿Pretende que le digas cosas subidas de tono o que uses un lenguaje sofisticado para referirte a sus genitales? Sólo hay un modo de averiguarlo...

Escúchala y obsérvala

Debes escucharla y observar su conducta. ¿Es tan deslenguada como un carretero? ¿O se sirve de un lenguaje sofisticado para comunicar lo que está pensando?

Claro que este indicio por sí solo no demuestra nada. Muchas mujeres se comportan como dulces ingenuas en público, pero se convierten en bestias salvajes y usan un lenguaje que ruboriza cuando están en el dormitorio. Y también están las guapas que presentan una fachada de «chica dura» y se convierten en tímidas conejitas en la cama.

Por lo demás, ¿cómo le gusta hacer el amor? ¿Lenta y

tranquilamente, o es de las que adoran desmelenarse, coquetear con el sadomaso y follar al aire libre?

Estos indicios no son definitivos, pero es probable que puedas arriesgarte a usar un lenguaje más escabroso si el sexo también lo es.

Tantear el terreno

No es necesario que esperes a que ella diga guarradas: nada te impide tomar la iniciativa. El primer paso para incluirlas cuando haces el amor es tantear el terreno durante una conversación intrascendente. Pregúntale lo siguiente: «¿Alguna vez has dicho guarradas en la cama?», o: «Si te susurrara guarradas al oído mientras hacemos el amor, ¿qué harías?» Así conseguirás que reflexione al respecto y que a lo mejor lo comente con sus amigas para averiguar qué hacen en esos casos y si les gusta.

Sin embargo, puede que se niegue rotundamente a ello. Entonces lo mejor es que te retires con elegancia. Si la idea la incomoda, es improbable que cambie de parecer y cualquier intento al respecto fracasará.

Si quieres tener éxito, incorporar guarradas a los juegos sexuales supone dos aspectos:

1. El contenido: Del tema en cuestión dependerá el éxito o el fracaso de las guarradas. Se supone que deben ponerla cachonda, no hacer que sienta vergüenza ajena o provocar su risa.
2. Cómo decirlas: Tanto el tono y el volumen como precalentamiento son fundamentales.

Antes de empezar

Para no estropear la relación, has de tener presente ciertos detalles cuando se trata de decir guarradas.

Resérvalas para el dormitorio

Evita decir palabrotas en público, por ejemplo cuando estás cenando en un buen restaurante, y tampoco sugieras cosas lascivas en esos lugares, a menos que ella te lo pida, claro está.

Respétala

Aunque digas guarradas, no olvides que estás representando una fantasía y que ella en realidad no se considera una zorra, o lo que sea. Más bien se trata de que de vez en cuando disfruta simulando que es una chica mala, así que debes separar la fantasía de la realidad.

Explícale que sólo es un juego

Puede que a una mujer le cueste saber si estás jugando o si las animaladas que le dices son de verdad. Para asegurarte de que tus guarradas no la ponen incómoda, explícale que no deja de ser parte de una fantasía.

Empieza lentamente

Más vale prevenir que curar, así que empieza por decir cosas suaves y con un lenguaje suave (por ejemplo: «He pasado todo el día pensando en hacer el amor contigo») y deja las procacidades para más adelante.

Dale vuelta a la tortilla

La mejor manera de fomentar las guarradas es asumiendo un papel diferente en el dormitorio. Sométete y deja que ella te domine. Así obtendrás pistas sobre lo que quiere decir cuando se refiere a las «guarradas». Necesitas que te oriente, y ella es la única que conoce la ruta.

Cumplir con lo prometido

1. Elige un tono de voz

¿Qué te resulta sexy? ¿Un tono grave y profundo, uno elevado y chillón, o un susurro? ¿Tu voz normal o la de un nuevo personaje? Practica y elige uno que te guste. La ventaja de usar un tono especial para decir guarradas es que en el futuro, cuando hables por teléfono con ella y uses el tono sexy, ella automáticamente lo asociará con el sexo atrevido y excitante (al menos esperemos que sea así).

2. Precalentamiento

Lo primero es lo primero: comprueba que ambos estáis a tono. Lo más apropiado es empezar a soltar guarradas cuando estás en plena sesión. Ambos debéis estar muy excitados para que funcione, así que no olvides los juegos eróticos. Tantea el terreno susurrándole un par de cosas al oído para ver cómo reacciona.

3. Empieza por hablar

Una buena manera de empezar con las guarradas consiste en describir lo que estás haciendo y cuánto te gusta, pero no te pongas pesado porque un comentario permanente de la jugada puede producir un efecto opuesto al deseado, así que tómalo con calma. Limítate a decir un par de cosas como «Me encanta tu [parte del cuerpo]» o «Me encanta la sensación que me provocas en [parte del cuerpo] cuando haces eso», y ten presente que una mujer puede sentir bastante vergüenza si mencionas una parte de su cuerpo mientras le haces el amor. La ventaja es que no sólo oirá tus guarradas sino que también descubrirá algo más acerca de lo que te gusta mientras follas. Esa información ofrece beneficios a largo plazo, además de convertir el sexo en algo más excitante y animarla a decir guarradas.

4. Desarrolla tu repertorio

Varía de tema y de comentarios: a nadie le gusta un disco rayado. Cuando hayas comprobado que le gusta y que quiere jugar, incorpora un poco de discurso improvisado al hacer el amor y anímala a que te siga la corriente: a lo mejor termina soltándote palabrotas.

5. Comenta sus reacciones

No intentes describir a viva voz tus habilidades sexuales durante el propio acto, déjalo para después. Si a ella no le gusta pero a ti sí, no querrá avergonzarte. Para evitar este problema con una pareja menos comunicativa, pregúntaselo después, cuando veáis la tele o preparéis la cena. El riesgo de ofender es mucho menor cuando estáis vestidos.

Comentad lo que os gustó a ambos y lo que no y por qué, pero evita que el debate se convierta en algo pesado y aburrido.

6. Enfréntate a la risa

Hay muchas cosas que nos dan risa, sobre todo cuando estamos nerviosos o asustados. El problema con las guarradas es que a veces dan risa, y la risa es involuntaria; incluso tu nerviosismo —o el suyo— pueden convertirse en una carcajada. Evítalo comentando tus temores, o al menos dile que temes que se ría de ti. Así sabrá que no debe reírse sino animarte y decirte qué le gustaría.

GUARRADAS: QUÉ HACER Y QUÉ EVITAR

Sí: Leerle un relato erótico

Hay muchos buenos autores de relatos eróticos, pero encontrar uno que le guste quizá no sea fácil. Una buena opción podría ser una revista femenina con una sección dedicada al relato erótico o —incluso mejor— una especializada en erotismo para mujeres.

Sí: Decir juramentos y palabrotas

Ambos forman parte de nuestra cultura y los usamos por su efecto y para expresarnos. Éste es precisamente el motivo por el cual decimos guarradas en la cama. La descarnada grosería de las palabras supone un estímulo para la crudeza del acto sexual.

Sí: Hablar en un idioma diferente

El español no es el idioma más romántico del mundo pero tampoco el más malsonante tanto el francés como el italiano y el portugués tienen un sonido más dulce, elegante y placentero.

No: Hablar de la familia

Ni se te ocurra hablar de su familia o de la tuya: a fin de cuentas, ¿realmente tienes ganas de hablar de tus suegros mientras haces el amor? Seguro que no. Y tampoco menciones a su súper sexy hermana menor: te arriesgas a verla marcharse para siempre.

No: Hablar de otras mujeres

No lo hagas a menos que ella te lo pida expresamente, porque podrías hacerla sentir muy insegura. Y la inseguridad no es un afrodisíaco, tenlo por seguro.

No: Usar términos clínicos o infantiles

Los términos clínicos apagarán cualquier situación apasionada. Referirte a tu polla como un pene erecto convertirá el momento en una clase de información sexual para adolescentes.

Guarradas suaves

Aunque todos nos referimos al lenguaje empleado en la cama como guarradas relacionadas con el sexo, existen dos niveles: las suaves y las porno. Si además de las acostumbradas palabrotas a tu chica le gusta usar otras para referirse a tu pene, entonces no dejes de idear modos diferentes de decir lo que ella desea oír.

Éstos son algunos ejemplos de lo que tal vez quiera que digas:

1. La idea de que me chupes la polla tiesa me vuelve loco.
2. Adoro que te abras de piernas y dejes que te coma toda.

Claro que con el tiempo se te ocurrirán un montón de términos imaginativos para reemplazar palabras como vagina, pene, felación, cunnilingus, etc. Y no te conformes con respuestas consistentes en «sí» y «no». Pregúntale qué quiere que le hagas, qué se imagina que le harás y cómo. Puede que a algunas mujeres esta clase de conversación les parezca una tontería, así que si ella se pone muy gráfica, pasa a otra cosa...

Guarradas porno

Sumidas en la pasión, muchas personas profieren expresiones perversas, por no decir absolutamente guarras. Así que podrás ponerte guarro y rellenar los espacios siguientes con algunos de los términos más vulgares que conozcas.

Que optes por chillar y gritar o susurrarle al oído depende de ti. Pero he aquí algunas cosas que podrías decir en los momentos de pasión (no indicadas para los pusilánimes):

1. Quiero que [verbo] con mi [sustantivo] duro/a hasta que [verbo] encima de mí.

2. Quiero que chupes mi [sustantivo] mientras te chupo tu [sustantivo] ardiente.

3. (Apóyala contra la pared y métele la mano debajo de la falda). ¿Te gusta cuando te meto los dedos en tu [sustantivo] empapado/a? He esperado todo el día para inclinarte y [verbo] por atrás hasta el fondo.

Hazte cargo, amigo

Ha llegado la hora de que tomes la iniciativa y llames al pan pan y al vino vino. Da igual que le gusten las palabras suaves o las porno, en cualquier caso añadirás diversión en la cama soltándole un discurso que no olvidará.

Sin embargo, ten presente que no es imprescindible decir guarradas cada vez que te vas a la cama y que a veces el silencio vale más que mil palabras, así que ve con calma y avanza poco a poco.

MUESTRA TU LADO PERVERSILLO

¿Así que te gusta llevar un tanga cuando sales a cenar? ¿O que te aten y te den unos azotes? Pues no eres el único. El problema es que quizás en esta sociedad tan sexualizada y moderna hablar de fetiches y pasatiempos perversillos con tu nueva amante no provoque una respuesta positiva. En el mejor de los casos, ella sonreirá seductoramente y te confesará que le encanta hacer esas cosas. En el peor, te considerará un bicho raro y un pervertido, y dudará en volver a verte. Si ocurre lo primero, pues estupendo. Y si ocurre lo segundo, sigue leyendo, amigo: el objetivo no consiste en que tú o tu nueva amiga os pongáis de los nervios.

A las mujeres les gusta el sexo perversillo

Es posible convencer incluso a la mujer más mojigata de que participe en los juegos sexuales más lascivos y perversillos. Pese a la creencia en contra, las mujeres a menudo son perversas diosas del sexo que sólo esperan que alguien las libere de su disfraz de niñas modositas. Al introducir nuevos juegos en el dormitorio, lo más importante es la preparación. Eso significa —sí, lo has adivinado— mucha conversación, y de preferencia antes de meterte en la cama.

Encontrar el momento adecuado no lo es todo, pero es importante. Educarla resulta primordial, y que parezca que se le ocurrió a ella sería sencillamente genial... si es que lo logras.

Introducir los azotes, los mordiscos y los tirones de cabello

Son conductas muy infantiles, pero pueden añadir una pizca de pimienta a una buena sesión de sexo. La ventaja es que no se necesita hablarlo demasiado antes de ponerlo en práctica. Avanza tanteando, pero no te pongas pesado. Existen escasas ideas preconcebidas acerca de los azotes, los mordiscos y los tirones de cabello.

Cómo presentar la idea: Es mejor hacer estas cosas durante un encuentro sexual muy apasionado. Déjate llevar, aplica el sentido común y avanza con cuidado, porque si te pasas le harás daño.

Azotar: El problema con los azotes es que su efecto aumenta si persistes; los dos primeros pueden escocer bastante. Dile que ella también te propine unos cuantos, reíos y divertíos azotándoos mutuamente. El erotismo no tardará en aparecer, pero no la azotes todas las veces, a menos que te lo pida.

Morder: El éxito de tus mordiscos depende de la presión, el momento y la frecuencia. Muerde con suavidad y sólo en los momentos de máxima pasión, y no con demasiada frecuencia. Si quieres que ella te muerda a ti, dile cómo hacerlo, puesto que quizá no sepa lo que te gusta. Nunca muerdas sus pechos o su vagina, a menos que te lo pida expresamente. Y no dejes marcas.

Tirar del cabello: Hazlo con suavidad. Si quieres que ella te lo haga a ti, lo conseguirás si lo pides con amabilidad. Hay diversos puntos en el cráneo que, si lo haces correctamente, convierten los tirones de pelo en algo muy sensual. No tires con fuerza y recuerda que su cabeza y su cuello están pegados a ese cabello tan bonito. En lugar de darle tirones a una cola de caballo o tirar de las puntas, tira de un mechón cogiéndolo cerca de las raíces.

Utilizar juguetes sexuales

Los tiempos están cambiando y hoy es perfectamente aceptable que un hombre confiese que quiere introducir juguetes sexuales en el repertorio. Las mujeres adoran a los hombres seguros de lo que hacen. Ten cuidado al retirar un tapón anal o un masajeador de próstata porque es improbable que ella esté familiarizada con esos artilugios. Una vagina vibradora de plástico puede resultar un tanto peculiar y tal vez no sepa cómo usar un anillo para el pene ni haya visto un *french tickler* (condón con rugosidades) en su vida, pero seguro que la entusiasmarán una vez que le hayas explicado cómo usarlos. Pero ¿y si no se entusiasma?

Es posible que crea que eres un bicho raro, en cuyo caso deberás educarla para que deje de sentir temor frente a esos objetos extraños que pretendes introducir en el dormitorio. El primer paso consiste en hablar de ello, sobre todo si el juguete no es un vibrador estándar.

Cómo introducirlo: Menciona el asunto en el momento oportuno y en un tono adecuado, alegre y juguetón. Algunos juguetes requerirán una explicación minuciosa, así que explícale el objetivo de cada uno, cómo funciona y qué efectos produce. Si nunca ha usado uno, ella no querrá sentirse como una novata.

Practicar un *bondage* suave

Seguramente ella tiene una opinión acerca de este pasatiempo en particular, incluso si jamás lo ha practicado. A lo mejor le parece sexy y divertido, pero también puede que le resulte aterrador y extraño. Para que sepas, casi todas las mujeres no lo consideran extraño sino sexy, pero opine lo que opine, has de preguntarle lo que piensa al respecto. Habla con ella y siempre empieza por pedirle permiso.

Cómo introducirlo: La próxima vez que hagáis el amor apasionadamente, sostén sus muñecas por encima de la cabeza o a un lado y provócala con la mano libre, la lengua o una pluma. Sujétala con suavidad, pero que no pueda liberarse sin un esfuerzo. Provócala un poco más y después susúrrale al oído: «¿Puedo atarte y acariciarte hasta que tengas un orgasmo/no aguantes más/quieras que me detenga?» Y a continuación ¡pon manos a la obra!

Algunas pautas a seguir: Uno por vez. No debéis ataros los dos durante la misma sesión. Si usas una cuerda, las de cáñamo son suaves y no provocan rozaduras. Las de algodón son suaves pero se deshilachan. Las de nailon producen lastimaduras, así que a menos que el dolor te dé placer, evítalas. Procura hacerte con unas esposas de tela o usa un pañuelo. Reserva la venda en los ojos para otra ocasión. Has de tener a mano unas tijeras de punta roma y siempre comprobar la temperatura de las manos y los pies tras atarlos para asegurar que no se enfrían, síntoma de que la sangre no circula, en cuyo caso debes desatarla. Nunca te niegues a desatar a alguien a menos que forme parte del juego. Por eso es importante establecer una contraseña. Y nunca sujetes a nadie del cuello.

El sexo anal

¿Así que te gusta por detrás? Bien hecho, sólo que quizá a ella la idea la horrorice. En ese caso deberás esforzarte por convencerla y reemplazar sus prejuicios por conceptos nuevos y convincentes.

Cómo introducirlo: Si consideras que sabes cómo hacerlo correctamente, podrías preguntarle si alguna vez practicó el sexo anal y si le gustó. Esta pregunta sólo admite dos respuestas. Si es «sí», pregúntale si le gustaría repetir. Si es «no», pregúntale si se atreve a hacerlo contigo. Estudia tu manual de instrucciones y edúcala. Cualquier mujer puede disfrutar con el sexo anal si se lo hacen bien. Los orgasmos son diferentes y pueden ser bastante intensos. Convéncela. Y usa lubricante.

Lo que no debes hacer: Tratar de penetrarla «por error» es un papelón y además sumamente doloroso. Siempre debes pedir permiso y no presionarla. El truco consiste en lograr que ella lo desee.

Confesar que tienes un fetiche

Saber que otro tiene un fetiche puede resultar extraño, y aún resulta más extraño si quien lo tiene eres tú. Para quienes no tienen fetiches resulta difícil comprender que alguien pueda excitarse mediante un objeto inanimado normalmente no vinculado al sexo. Pero si tienes uno es inútil negarlo, puesto que forma parte de tu personalidad. Antes de compartirlo con la persona amada, es importante que no te sientas incómodo, si es que decides compartirlo. Algunas personas jamás lo revelan, y es una lástima que algo que te proporciona placer deba permanecer oculto.

El temor al rechazo es uno de los motivos principales para no revelarlo, pero si tienes una relación sana y afectuosa, compartir una parte de ti mismo la volverá más sólida, ¿no? Si compartir el secreto te preocupa, no eres el único. Antes de dar el paso, ponte en contacto con una asociación de fetichistas, habla con algunos miembros y averigua qué hicieron, qué no y qué hubieran preferido hacer. Tú eres el único que puede decidir si compartirlo es lo correcto.

Ponte perversillo

Informar a tu nueva amiga acerca de las cosas que te gusta hacer en el dormitorio puede destrozarte los nervios y el motivo es obvio: a lo mejor su reacción es negativa. No olvides que puedes salirte con la tuya en casi todo siempre y cuando lo enfoques correctamente, comentándolo y educándola, y evitando convertirlo en un asunto de vida o muerte. Las mujeres adoran probar cosas nuevas y ser un poco perversillas, pero confiar en un novio nuevo les llevará cierto tiempo. La ventaja es precisamente que eres nuevo y ella puede explorar su sexualidad. Aprovecha esta circunstancia pero no olvides que apresurarse es de tontos.

IMPROVISACIONES PARA NOVATOS

A veces resulta más fácil expresar nuestros deseos sexuales si nos convertimos en un personaje distinto. Improvisar un papel puede ser muy divertido si lo hacemos con gracia y sofisticación. Simular que eres otro te permite una libertad de expresión mucho mayor. Supone salirse de lo habitual y adoptar otra identidad, así que aprovecha la circunstancia porque no podrás hacerlo todos los días.

Podrás dejar de lado las expectativas y deshacerte de las tradiciones. Utiliza el tiempo que dedicas a improvisar para comunicarte con tu amante y dar y recibir placer.

He aquí algunos guiones básicos; descubre cuál se adapta mejor a vuestros respectivos gustos.

Directora de colegio y alumno

Descripción: Este guión juega con la desbordante fantasía de los adolescentes y tal vez de la directora. El alumno se somete a las instrucciones y la disciplina de ésta, y puede resultar divertido jugar con ese desequilibrio de poder. Adoptar un papel de adolescente mientras tu amante adopta el de directora es una manera divertida de dejarte dominar por ella. Le otorga poder y control y te deja a su merced, aunque siempre existe la posibilidad de rebelarse.

Guión de muestra 1: La escena se desarrolla en el despacho de la directora, el alumno viste el uniforme del colegio y ella lleva ropa severa pero sofisticada y decididamente sexy. El alumno siempre ha estado loco por ella y la espía a través de la cerradura mientras se masturba. La directora lo descubre y observa que lo hace incorrectamente, así que decide enseñarle cómo hacerlo en la intimidad de su despacho. Si comete errores, quizá le dé unos azotes.

Guión de muestra 2: Después de clase, la directora llama al alumno a su despacho para disciplinarlo. El alumno debe escribir todas sus fantasías sexuales. Después debe leérselas a la directora, que se pone muy cachonda porque algunas la incluyen a ella. Entonces le enseña al alumno a satisfacer a una mujer, una lección que él jamás olvidará. Si comete errores, quizá lo azoten. O a lo mejor lo azoten de todos modos.

Atrezo: Instrumentos para azotar (por ejemplo, una regla de plástico), un uniforme de colegio, un bloc y un bolígrafo.

Jefe y secretaria

Descripción: La escena gira en torno a la situación laboral y el intercambio de poder que suele ocurrir entre una mujer y su jefe. Se supone que quien tiene el control es el jefe, pero cuando el sexo está en juego cambian las tornas y manda la mujer. Le encanta porque le otorga poder en esta situación en particular, aunque en otros momentos no tenga poder (o tenga muy poco).

Guión de muestra 1: La secretaria se oculta debajo del escritorio del jefe antes de una reunión importante. Después le hace una felación —lentamente y en silencio— mientras el jefe intenta cerrar un negocio importante. Los clientes están sentados justo delante del escritorio y el jefe debe disimular lo que está ocurriendo y seguir con la reunión. Otra opción es que hable por teléfono (hacerlo de verdad es muy divertido), y ha de hacerlo sin tartamudear.

Guión de muestra 2: Para darle un toque más voyeurista, la secretaria lleva ropa interior muy, muy sexy. Debe procurar que el jefe vea lo que lleva sin dejar de mantener una actitud «profesional». Lo provoca mientras hace las fotocopias, deja papeles encima de su escritorio o mientras él le habla. Debe seducirlo hasta volverlo loco, pero sin quitarse la ropa. Este guión también puede incorporar un *striptease*; él no podrá tocarla hasta que ella le dé permiso.

Atrezo: Escritorio o mesa, atuendo de oficina.

Stripper y cliente

Descripción: Esta improvisación gira en torno al voyeurismo y al sexo sin afecto. Un baile erótico en el regazo es algo muy sensual y, realizado correctamente, pone muy cachondos a ambos participantes.

Recuerda: El baile erótico puede resultar intimidante para una mujer, sobre todo si es muy consciente de su cuerpo. Reduce esos temores recurriendo a una iluminación, unas medias y un maquillaje especiales. La luz tenue proporciona un buen color a la piel, al igual que las luces rojas (puedes cubrir una lámpara con una tela de ese color), y hace desaparecer las imperfecciones o los granos. Ten presente que no es necesario quitarse toda la ropa, así que dile que puede conservar el sostén o las braguitas, o ambos. Siempre que los movimientos sean sensuales y la iluminación sea la adecuada, el efecto será sensacional.

Si ella no sabe cómo moverse, mira algunos vídeos de bailes eróticos en Internet o, si eres osado, visita un club de *striptease* y observa cómo lo hacen. En la mayoría de las ciudades se ofrecen clases de *striptease* para mujeres (y tal vez para hombres) que suponen una excelente manera de ponerse en forma y soltar a esa bestia sensual interior.

Guión de muestra 1: Un hombre solicita un baile erótico privado a una bailarina de un club. Ella lo conduce a un reservado, cierra las cortinas y le ofrece el mejor *striptease* de su vida. Hay reglas: nada de tocar ni besar. Él puede meterle algunos billetes en el liguero pero no puede quitarse la ropa.

Guión de muestra 2: Para darle un toque sexy al guión del *striptease* de pago, éste puede ser improvisado y gratuito. Por ejemplo: tu novia te encierra en el jardín y después te ofrece un *striptease* decadente a través de la ventana; podrás verla, pero no tocarla ni entrar en la casa hasta que ella lo autorice. ¡Ojo con los vecinos entrometidos!

Atrezo: Un atuendo sexy es imprescindible; lo normal es llevar un tanga diminuto. Lo demás depende de ti, pero ella podría vestirse de enfermera o camarera. Lo ideal es que lleve zapatos de tacón o de tacón de aguja.

Improvisaciones que deben evitar los novatos

Para empezar, el sitio ha de ser confortable para ambos. Si la improvisación incluye cosas como un *bondage* ligero, será necesaria una gran confianza. Antes de improvisar, siempre debéis comentar lo que pretendéis hacer, por si a uno de los dos la idea no le agrada ni lo pone cachondo/a. Ambos participantes han de estar completamente convencidos.

Improvisar una violación

Las mujeres a menudo fantasean con ser violadas, pero eso no significa que quieren que las violen en la vida real: son dos cosas muy distintas. Para ella se trata de ser tomada contra su voluntad y para él, de asumir el control. Ni se te ocurra representar una violación antes de establecer una gran confianza con tu pareja y saber exactamente qué quiere. Podría acabar muy mal, así que no te apresures. Requiere una contraseña para que si alguno la pronuncia, el otro sepa que va en serio.

Bondage y disciplina

Puede ser muy divertido, pero has de evitar que tu pareja se sienta avergonzada, dolida u ofendida durante una improvisación semejante. Las reglas deben ser claras y comentadas antes de empezar. Atar a alguien y provocarlo con una pluma no es lo mismo que ponerle una máscara de cuero, arrastrarlo por la casa como un perro y obligarlo/la a lamerte los zapatos y beber agua del váter. Los azotes y el dolor físico también pueden ser placenteros, pero ten en cuenta que hay objetos especiales para azotar: no se trata de hacer sangre. Los fetiches son normales y divertidos, pero calibra lo que le exiges al otro para satisfacer tu fetichismo.

¡A jugar!

Improvisar es un modo excelente para profundizar y enriquecer tu relación. Si ambos se sienten tranquilos y confiados, el resultado a menudo provoca un mayor conocimiento del otro: lo que quieres que te hagan y hagan por ti. Desde una perspectiva sexual, amplía el horizonte de ambos y permite desarrollar las fantasías sexuales (¡lentamente!). Realizada de un modo correcto —es decir, cómodo y sexualmente atractivo—, la improvisación puede convertirse en una manera exitosa de obtener lo que quieres de tu vida sexual sin tener que salir de casa. Investigad, reíd y disfrutad: la experiencia resultará provechosa para ambos.

REGLA 11: DEJA TU IMPRONTA

Siempre has de dejar una impronta duradera. Armado de confianza, talento para conversar, un aire misterioso y ciertos gestos, estarás bien encaminado. Tu máximo objetivo es ser considerado su mejor amante. Así que tómate tu tiempo, afila tus talentos, préstale atención a ella y pon en práctica ciertas cosas. Si lo haces, podrás estar seguro de que jamás te olvidará.

SÉ SU MEJOR AMANTE

Si tu chica tiene un grupo de amigas cotillas, asegúrate de figurar en el primer puesto de su lista. ¿Por qué? Pues porque las mujeres suelen contarlo todo: con gran precisión si eres un buen amante y con mucha crueldad si no lo eres.

¿Cómo dejar tu impronta? Puedes ser el mejor amante, ese que ella lamenta haber perdido; un ex amante al que no deja de volver a ver porque su pareja actual no te llega ni a los talones; el amante que ninguna mujer abandonaría por otro... o el amante ansiado por su círculo de amigas.

Así es, chicos. Si jugáis vuestras cartas correctamente, habrá mujeres paseando sus perros delante de vuestro picadero con la esperanza de ver las luces encendidas. Porque una vez que os hayáis ganado fama de buen amante, las mujeres apreciarán vuestra presencia eternamente.

El único sistema para conseguirlo es aprovechar la pereza natural de los otros hombres y hacer todo aquello deseado por una mujer, pero que nunca ha experimentado porque sus anteriores amantes no se tomaron la molestia. Y puedes empezar centrándote en las zonas del cuerpo que otros hombres han pasado por alto.

DIEZ ZONAS QUE LA HARÁN GEMIR DE PLACER

Como ya hemos comentado, una de las quejas más frecuentes de las mujeres respecto a la conducta sexual de los hombres es que tienden a concentrarse en los genitales. Muchos hombres, sobre todo los que mantienen una relación prolongada con una mujer, creen que para disfrutar del plato principal deben penetrarla lo antes posible. Tal vez han visto demasiadas pelis porno (que en su mayoría pasan por alto los juegos eróticos) o han escuchado a los llamados «expertos» que pregonan la primacía de la estimulación del punto G; en todo caso, los hombres creen que, al igual que ellos, las mujeres quieren una estimulación genital en cuanto se quitan la ropa.

Sin embargo, esto no sólo es falso, sino que estimular los genitales de una mujer antes de excitarla mediante los juegos eróticos suele apagar la pasión de casi todas.

Esto se debe a que el clítoris y la zona genital de una mujer no suelen convertirse en conductos para el placer sexual a menos que primero se hayan humedecido gracias al mayor aflujo de sangre provocado por la excitación, y ésta ocurre tras una atención paciente y apasionada a sus demás zonas erógenas.

Por eso los hombres han de provocar dicha excitación antes de tocar los genitales de su pareja.

Pero no es tan difícil como parece. Muchas mujeres reaccionan positivamente frente a la estimulación de ciertas zonas de su cuerpo a menudo pasadas por alto, y una estimulación correcta de éstas causará el tipo de excitación que desemboca en la lubricación vaginal y la disposición a un contacto directo con su clítoris y sus genitales.

Éstas son las zonas más importantes que «provocan gemidos de placer».

1. De los párpados a las sienes

En los párpados y la zona situada por encima de ellos hay una gran concentración de terminaciones nerviosas; besarla suavemente en el arco de las cejas y las sienes es una manera estupenda de iniciar el juego erótico. El punto entre el ángulo exterior del ojo y el pómulo también es muy sensible, así que después de unos cuantos besos apasionados, un amante debería recorrer todo su rostro con los labios, concentrándose en esas zonas.

2. De la oreja al cuello

Las orejas femeninas son unas de las zonas erógenas más olvidadas; sin embargo, las de muchas mujeres son muy sensibles. Bésale las orejas, lámelas o acarícialas con suavidad, mordisquea los lóbulos y acaricia la zona detrás del pabellón y el cuello.

3. Del cuello a los hombros

Aunque no lo creas, ésta es la zona que más gemidos provoca. Muchas mujeres se ponen muy excitadas si les acaricias el cuello y la nuca hasta los omóplatos. Algunas incluso llegan al orgasmo. En esta zona puedes ser un poco más brusco: besos intensos, incluso mordiscos y un buen masaje serán muy apreciados, y cuanto más tiempo le dediques, tanto más intensos serán sus gemidos. Intenta acercarte por detrás y bésala desde la nuca hasta los hombros.

4. Del ombligo a la «V»

En su mayoría, las mujeres fantasean con un hombre que las agarre con firmeza, así que sujétala por la cintura desde atrás (sin dejar de besarle la nuca), recorre sus costillas con las manos hasta la pelvis y masajea la zona. Recorre toda la zona «V»: el triángulo entre los huesos de las caderas hasta la parte superior de los genitales (¡pero todavía no los toques!).

5. El «sendero del tesoro»

Es la zona más sensible de la parte inferior del torso femenino. Es el pliegue o línea que se extiende a través del abdomen inferior de un hueso de la cadera al otro, pasando por encima del vello púbico (cuando no está rasurado). Explórala con los labios y los dedos antes de tocar sus genitales.

6. Los pies

Algunas mujeres se avergüenzan de sus pies y tal vez sean reacias a que los toques. Pero para muchas es una zona muy erógena. Comprueba la actitud de tu pareja con respecto a sus pies e intenta superar su reticencia lavándolos y secándolos con una toalla suave. Después de darle un buen masaje con aceite comestible, prosigue con una estimulación oral. Empieza lentamente, recorre las líneas que has masajeado y lame cada dedo antes de chuparlo. Si reacciona gimiendo de placer, habrás descubierto otra manera estupenda de excitar a tu pareja.

7. Las corvas

La piel de esta zona es delgada, suave y muy sensible al tacto porque los nervios son muy superficiales. A muchas mujeres les encanta que les laman y besen las corvas, y algunas incluso se estremecen de placer. Asciende desde los pies y luego céntrate en esa zona.

8. El pliegue del sacro

Una de las zonas más erógenas del cuerpo femenino es el pliegue situado entre la curva de los glúteos y la parte superior de los muslos. Acariciarlo o recorrerlo con el dedo suele provocar una reacción muy erótica. Si tu amante está a cuatro patas o tendida boca abajo y le estás dando placer desde atrás, recorre el pliegue con los labios o la lengua y acércate cada vez más a la zona vaginal.

9. Los glúteos

Son una zona muy erógena, pero sólo debes ocuparte de ellos tras haber estimulado las otras zonas erógenas. Unas caricias suaves o un pellizquito provocador mientras estimulas las zonas del 1 al 8 están muy bien, pero reserva los pellizcos más intensos o los azotes suaves para cuando ella se haya puesto muy cachonda.

10. La cara interior de los muslos

Ésta es la penúltima zona erógena que has de estimular antes de pasar a sus genitales, pero no la olvides, porque unos besos y unas caricias suaves desde las rodillas hasta la vulva y el clítoris (pero sin tocarlos) provocarán esos gemidos que anuncian su disposición a ser penetrada. El carácter provocador de dichas caricias será la chispa que encienda el fuego, puesto que la expectación es la clave de la excitación femenina.

Utiliza todo su cuerpo

¿Quieres ser conocido como un buen amante y no sólo como un animal centrado en los genitales? Pues ocúpate de las zonas que «provocan gemidos» y pronto te suplicará que sigas.

SINTONÍAS CARACTERÍSTICAS DEL ESTILO PERRITO

Debes seguir desarrollando tu repertorio para no aburrirla (y para que tu fama siga creciendo entre sus amigas). Incorpora estos pasos a tu repertorio y ambos recibiréis una sorpresa agradable.

Conviértete en un experto

Algunas chicas quizá se nieguen a adoptar la posición del perrito inmediatamente porque es un tanto impersonal. Pero una vez que te haya dado su consentimiento podrás recurrir a tus nuevos trucos y proporcionarle mucho placer.

El mejor método para desarrollar tus sintonías características consiste en partir de las que funcionaron (es decir, las que la volvieron loca) y perfeccionarlas. ¿Que cómo sabrás si funcionaron? Pues fíjate en los pequeños indicios, como los arañazos en tu espalda, los muebles rotos o la ronquera provocada por todos aquellos gritos.

COSQUILLAS EN EL PUNTO G

Cosquillas en el punto G

Uno de los motivos por los que a las mujeres les encanta ser penetradas por detrás se debe a la profundidad de la penetración y la facilidad para estimular su punto G. Dile que se ponga a cuatro patas, penétrala desde atrás y haz nueve embestidas rápidas y breves y después una lenta y prolongada. Así, la punta de tu pene se deslizará contra la parte superior de su vagina (¡y allí se encuentra su punto G, campeón!). Cambia el número de las embestidas rápidas pero no olvides de incluir la lenta. Lo más probable es que no tengas que recordarlo: ella te lo suplicará.

1. Antes de introducir cualquier objeto en su vagina

Si tú y tu chica os estáis excitando y quieres meterle algo en la vagina, asegúrate de que sea algo que esté mojado. Siempre.

Ponte saliva en los dedos (puede ser la suya) y deslízalos alrededor de su orificio vaginal, o escupe saliva en una mano y humedece la punta de tu pene. O ambas cosas a la vez. Puede que se esté volviendo loca por ti pero que la humedad aún no haya salido al exterior. Hagas lo que hagas, jamás lo hagas en seco. ¡Las vaginas son estructuras complejas de muchas capas!

Si introduces algo seco en su vagina —los dedos, el pene, un juguete—, ella tendrá que contorsionarse de un lado a otro para que sus labios externos se humedezcan. Aunque sólo le lleve treinta segundos, esos treinta segundos harán que olvide lo agradable que es todo lo demás. Ella se pondrá aún más cachonda si la lubricas antes que nada, y además puede acelerar el calentamiento.

2. No olvides su cuello y sus orejas

Lo que siente cuando le besas o lames el cuello será de una intensidad diez veces mayor que lo que sientes tú cuando lo hace ella. Acariciarle el cuello es una de las maneras más rápidas de excitarla y la que supone menor esfuerzo. Bésala y lámela con suavidad, y rápidamente será ella quien te gima al oído. La parte anterior del cuello junto a la yugular es la zona más sensible, pero puedes besarle todo el cuello y la nuca.

Las orejas también son zonas muy erógenas, pero existe una técnica para estimularlas. Jadear, mordisquear y lamer provoca sensaciones evocadoras e interesantes, pero los chupetones y los baboseos no son nada indicados. El truco consiste en la variación: no repitas lo mismo todo el tiempo, pasa de la boca al cuello y de las orejas a los pechos, etc.

3. Nunca agradezcas una felación o un polvo

Hará que se sienta como una prostituta, así que a menos que lo sea (¡o lo esté representando!) no le des las gracias. Pero demuestra tu agradecimiento de cualquier otra manera, porque ella querrá saber que lo hizo bien y que te gustó. Puedes dar las gracias de diversas maneras: bastará con decir «¡Una mamada excelente!» o «¡Qué bien sabes chuparla!».

4. Si te corres demasiado pronto la desilusionarás mucho

Una mujer espera que un hombre sea capaz de aguantar y no correrse hasta que ella se haya corrido. No hay nada tan frustrante como la eyaculación precoz y nada puede acabar con una relación con tanta rapidez como la insatisfacción sexual de uno de los miembros de la pareja. Si tuvieras ese problema, procura remediarlo: visita una clínica, un especialista o consulta a un sexólogo; hagas lo que hagas, no dejes que el problema se prolongue. Si nunca tuvieras un orgasmo, ¿acaso tendrías ganas de echar un polvo?

Practica masturbándote de manera diferente: cuando estés a punto de correrte, detente. Repite la misma operación y practica hasta que te salga bien. Si eso no lo soluciona y sospechas que se trata de un problema médico, busca ayuda.

5. Si tardas siglos en correrte, ella podría irritarse y aburrirse

Sí, sí, eso indica que eres todo un macho, ¿no? Uno que puede seguir y seguir eternamente, y llevar a su chica al éxtasis diez veces...

Pero la verdad es que diez veces es una exageración. En general, un orgasmo es suficiente, dos es bueno y tres es una bonificación. Para entonces estará agotada, como tú después de eyacular una vez.

Las mujeres no sueñan con un hombre capaz de aguantar sin correrse toda la noche, sino con uno que se corra junto con ella la primera, la segunda o la tercera vez. No querrá parar porque es obvio que tú no has tenido un orgasmo, pero una vez que la diversión se ha acabado y ya no quedan más esperanzas, abandona. Si has perdido sensibilidad, descansa un rato y vuelve a intentarlo más tarde.

6. Un pecho es algo más que un pezón

En su mayoría, los hombres creen que el pezón es la mejor parte y es lo primero que atacan, pero no es así necesariamente; todo el pecho es una zona erógena, a menudo pasada por alto. Mientras los hombres se dedican a chupar, lamer, acariciar y juguetear con los pezones (y por desgracia a veces a morderlos y pellizcarlos sin pedir permiso), suelen olvidarse del resto.

Antes de tocar los pezones, dedícate a los juegos sensuales con los pechos. Empieza por acariciarlos con la lengua o un dedo (evita las axilas, a menos que a ella le guste). Traza círculos alrededor del pezón: cuando por fin lo toques, provocarás mucho placer. La clave es la expectación, así que aprovéchala.

7. Es mejor recortarse el vello púbico, aunque ella te diga que le da igual

Si te gusta que ella practique el sexo oral contigo recórtate el vello púbico. Muchas mujeres no dirán nada al respecto —y si te responden que les da igual cuando les preguntas si les gustaría, quizá digan la verdad— ¡sólo porque no saben lo que se pierden! Hazlo de todas maneras. Recórtalo dejando sólo cinco milímetros y si eres realmente valiente, aféitate los testículos.

Sentirás mucho placer y será mucho más placentero para ella; en general, resulta un 20 por ciento más placentero para todo el mundo. El vello púbico supondrá un impedimento si ella quiere lamerte los testículos y, si eres muy velludo, se dirigirá directamente a tu pene. Claro que eso no te importará, pero no tiene sentido apresurar las cosas, ¿verdad?

8. Si se lo pides correctamente, ella estará dispuesta a hacer casi cualquier cosa

En general, a las mujeres les gusta estar al mando, así que si le sugieres algo desacostumbrado, puede que despiertes sus sospechas. ¿Con quién has estado hablando? ¿De dónde sacaste esa idea, acaso te has acostado con otra? Una reacción defensiva frente a la sugerencia de algo nuevo es un mal comienzo. Si sueles toparte con su resistencia, prueba con una táctica diferente.

Los artículos de revistas —en especial los escritos por mujeres— son una buena manera de demostrarle que existen otras opciones. Intenta encontrar alguno que hable de lo agradable que es el sexo anal/follar en un lugar extraño/hacer lo que te venga en gana, y dile que lo lea. Otra buena opción son los foros en que las mujeres hablan de sexo: permite que los lea y se informe al respecto sin que tu opinión interfiera. Actúa con delicadeza y después procura que ella crea que la idea fue suya.

Ninguna mujer quiere ser la que se niega a jugar. Aunque haya cosas a las que siempre se negará (como el sexo anal y el *fisting*), no olvides que cambiar de idea es una prerrogativa femenina. Si logras encontrar la táctica adecuada, a lo mejor consigues que acceda a experimentar.

CONSOLIDA Y CONSERVA UNA BUENA REPUTACIÓN SEXUAL

Difundir tu destreza como amante —o más bien lograr que otros la difundan por ti— a menudo es una manera poco aprovechada de conseguir amantes. El problema es que los hombres que se jactan de ser buenos en la cama no suelen serlo, aunque hemos de reconocer que al menos intentan parecerlo; si logran convertirlo en vox pópuli, las recompensas pueden ser abundantes. Pero jactarse no es un buen sistema. Sé sutil, innovador e ingenioso y a lo mejor te endilgan la fama de ser un amante de primera. Y hay cosas mucho peores que tener esa reputación.

Presenta una imagen de confianza sexual

Tu confianza hablará por sí misma. Eso no significa que debas restregarte contra una extraña en un bar, pero un hombre que se queda mudo y se ruboriza ante la mención de la palabra «pene» no parecerá muy sofisticado.

Hay diversas maneras de proyectar que sabes de qué va esa cosa llamada sexo. Las mujeres equiparan el talento en la pista de baile con la destreza en la cama, así que aprende algunos pasos. Sacudirte como un salmón en la punta del anzuelo dará al traste con cualquier posibilidad de acostarte con la chica. Si no sabes bailar, toma algunas clases. Es una excelente inversión y quizá te diviertas mucho.

E ídem de ídem en cuanto a la comida: proyectarás una imagen sensual si comes con deleite y entusiasmo, pero también con elegancia. Lánzate a la aventura y pide un plato que se coma con los dedos. Ella verá que manejas la lengua y las manos con talento, y sacará sus conclusiones.

Y por fin, viste correctamente. Puede que la chica que lleva una microfalda y un top de encaje quede muy mona, pero no deja gran cosa librada a la imaginación. Y lo mismo vale para el tío que viste una camiseta sin mangas y tejanos muy ceñidos. Ponte algo elegante y cómodo, pero que «accidentalmente» le ofrezca un vistazo de tu cuerpo mientras bailas.

El de boca en boca

Resulta imposible exagerar el poder del de boca en boca. Que otra persona alardee de tu talento como amante es mucho más eficaz para conseguir un polvo que el mejor paso de baile en la pista.

Lo ideal es que sea una amiga quien cotillee acerca de tu destreza sexual, y no un amigo. Tendrá un efecto mucho mayor porque las mujeres saben que hacemos causa común al respecto. Tu compinche —aparte de sus mejores intenciones— podría estropearlo todo.

En ambos casos, el de boca en boca ha de ser transmitido discretamente, y has de permanecer ajeno a la motivación ulterior. Juega tus cartas con sutileza: evita que tu amiga suelte lo bien dotado que estás; en su lugar, dile que comente a sus amigas —como quien no quiere la cosa— que tu ex novia no deja de insistir en que quiere seguir manteniendo una relación física contigo.

Lo mejor es comportarse de manera natural: establece y aumenta tu reputación como amante pero con honestidad, y las mujeres no dejarán de aparecer. Conviértelo en algo inolvidable para ella, y conseguirás que se lo cuente a algunas amigas, que se lo contarán a otras y éstas a otras más, etc. En poco tiempo, un gran número de mujeres se enterarán de lo bueno que eres en la cama. Y a partir de ahí, cosechar lo que has sembrado dependerá de ti. ¡Buena cosecha!

OTROS TÍTULOS PUBLICADOS

HAZTE VALER

Bienvenida Pérez

¿Puede la seducción tener una finalidad práctica? ¿Cómo se llega a conocer a los ricos y cómo se desarrolla la seguridad necesaria para moverse entre ellos? ¿Qué se precisa para hacer que el hombre no se sienta emocional o intelectualmente amenazado?

Hazte valer es un manual destinado a toda mujer que luche por el poder sin peleas ni golpes bajos, que busque asegurarse el futuro y que entienda toda relación como una inversión que puede resultar beneficiosa para ambas partes.

TRECE AÑOS QUE CAMBIARON EL MUNDO MI VIDA EN EL MOSSAD

Ephraim Halevy

Para muchos, el Mossad es una de las agencias de inteligencia más poderosas del mundo. En este libro, Ephraim Halevy, que entró en ella en 1961 y fue su director entre 1998 y 2002, proporciona un panorama sin precedentes de la crisis de Oriente Próximo. Sus funciones como espía para varios gobiernos israelíes le han proporcionado información de primera mano sobre las negociaciones para alcanzar la paz en la región durante los años en que la amenaza del terrorismo islámico parecía más fuerte. Basándose en este conocimiento, Halevy describe el funcionamiento del Mossad, escribe sobre los primeros ministros con los que trabajó y traza un perfil de algunas personalidades relevantes en el panorama internacional como Yasir Arafat, Sadam Husein, Bill Clinton, George Bush y George W. Bush.

Con sentido crítico no exento de escepticismo y acritud, Halevy presenta un panorama informativo, a la vez que sorprendente, de un conflicto cuyo final todavía parece lejano.

EL TERCER SEXO

Guillermo Hernaiz

«Soy travesti y estoy orgullosa de serlo.» Frases como ésta impulsaron al autor de este libro, Guillermo Hernaiz, a conocer mejor el mundo de las transexuales, un colectivo históricamente marginado, relegado casi siempre al mundo de la noche y la prostitución.

Tras conocer a la exitosa madame trans Lais Molina y a sus espectaculares pupilas brasileñas, fue abriéndose a un mundo de cirugías, hormonas, reivindicaciones, rechazos y excesos, y se dio cuenta de que junto a las transexuales que se sienten atrapadas en un cuerpo equivocado y desean convertirse en mujeres completas, hay un auténtico tercer sexo formado por transexuales orgullosas que se sienten mujeres con genitalidad masculina.

Las largas conversaciones con muchas de estas trans y también con psicólogos, cirujanos, urólogos, activistas como Carla Antonelli, y profesionales que conocen, trabajan o viven de la comunidad transexual le permitieron componer una visión mas plural de este colectivo que, por fin, vive tiempos de reconocimiento legal en España.